訪問リハ危険予知トレーニング
KYT50の場面

石黒友康 大森豊 齋藤崇志 編

医歯薬出版株式会社

執筆者一覧

●編集

石黒友康（いしぐろともやす）　健康科学大学健康学部理学療法学科教授
大森　豊（おおもりゆたか）　有限会社 訪問看護リハビリテーションネットワーク代表取締役
齋藤崇志（さいとうたかし）　リハビリ訪問看護ステーション　ハピネスケア

●執筆

齋藤崇志（さいとうたかし）　編集に同じ
大森　豊（おおもりゆたか）　編集に同じ
安藤　誠（あんどうまこと）　有限会社 訪問看護リハビリテーションネットワーク
　　　　　　　　　　　　　　リハビリテーション部主任
横山有里（よこやまゆり）　ケアーズ訪問看護リハビリステーション新百合ヶ丘
澤田圭祐（さわだけいすけ）　おおくにいきいきプラザ　おおくに訪問リハビリテーション所長
宮尾一久（みやおかずひさ）　株式会社 Conne 代表取締役
新井健司（あらいけんじ）　有限会社 訪問看護リハビリテーションネットワーク

（執筆順）

This book was originally published in Japanese
under the title of :

HOUMON RIHA KIKEN YOCHI TOREININGU
KYT 50 NO BAMEN
(Risk Foresight Training of Homevisit Rehabilitation
KYT 50 scenes)

Editors :
ISHIGURO, Tomoyasu et al.
ISHIGURO, Tomoyasu
　Professor, Department of Physical Therapy
　Health Science University

© 2012 1st ed.

ISHIYAKU PUBLISHERS, INC.
　7-10, Honkomagome 1 chome, Bunkyo-ku,
　Tokyo 113-8612, Japan

序

　これまで，理学療法や作業療法学生の卒後の進路は，総合病院（急性期，慢性期）や回復期病院（リハビリテーション病院），クリニック（整形外科，内科）などの医療施設が中心であった．現に，編者らが関係する養成校の学生達も，ほぼ全員がこのような施設に就職している．しかし，近年はリハ養成校が急増しており，理学療法士では毎年1万人近く誕生することを考えると，今後，医療施設以外での新たな活躍の場の開拓が急務である．

　在宅・訪問リハビリテーション（訪問リハ）は，この意味で，理学療法士や作業療法士らリハスタッフにとって，新たな活躍の場と考えられる．しかし，現実には送り出す側も採用側も，そして学生自身も，訪問リハは「敷居の高い職場」と考えられている．確かに，訪問リハでは一人で利用者宅に赴き，その時々に必要なサービスを提供しなければならないし，多くの職種との連携や意見交換が必要となる．さらに，利用者との関係で契約が破綻ともなれば，事業所の経営にも関わるなど医療施設とは異なる独特な難しさがある．このような事態を考えると，「新卒者・新人にすべてを委ねるなど到底できない」というのもうなずける．それでは，医療施設ではどうかというと，程度の差こそあれ，やはり「新卒者・新人には任せられない」のである．医療施設では訪問・在宅と異なり，指導者が「目が届くところ」で指導できるという利点があるが，訪問リハにおいても，新卒者や新人に対する指導体制や指導の内容が十分吟味され，適切にそれが実施されさえすれば，医療施設と同様なプロセスでサービスを提供できる人材育成が可能となるはずである．

　ところで，「危険を予知し，危険を回避する能力」の重要性は，危険な作業を伴う工業分野で古くから指摘され，それを訓練する方法が検討されてきた．その方法論の一つが本書で取り上げられている「危険予知訓練（KYT）」である．KYTは，日常の風景を描いたイラストを作業チームに提示して，そこにひそむ危険要因の抽出，危険への対応策や具体的行動目標などを討論させ，最終的に事故の発生を回避するための具体的な改善策や解決策を見い出そうとするものである[1]．解決策を得るまでのプロセスは，作業メンバー同士の徹底的な討論が中心となるため，単なる机上の学習とは異なり，メンバー全員に危険に対する情報共有が図れる．このため，KYTの方法は看護学[2]や保育学[3]などの分野でも応用されている．

　リハスタッフが遭遇するリスクは多様化しており，特に近年注目されている訪問リハにけるリスクは，病態を背景とする医学的リスクのみならず，接遇・連携など対人関係に関連するリスク，住環境や自然環境といった物理的環境に関連するリスクなど多岐にわたっている．単独で業務を行うことが多い訪問リハスタッフは，独力で様々なリスクを管理し，危険を予知し回避する能力が求められる．その能力を身につける方法論として，KYTは有用と考えられる．

　本書ではいくつかの「場面」を想定し，そこにひそむ危険を回避するための具体策を提案しているが，決して一つの答えを求めているわけではない．地域の風習や人間関係の密度，利用者の空間的・物理的環境などによって危険の度合いは異なるし，回避の仕方も千差万別である．編者らが望むのは，読者らの施設で様々な考え方が示され，いろいろな方法が提案され，すべてのスタッフが具体的な対処法を共有することにある．また教育現場においては，訪問リハで遭遇する具体的な場面を知ることで，臨場感のある教育が行われることである．本書では，イラスト場面の「予測されるリスク・問題」や「対応」を読者が自ら考えて書き込む→頁をめくって「ポイント」「解説」と読み進めることにより，考えを整理し，発展的に学習する際のヒントとなることを目指している．

　本書が訪問リハを目指す学生や若いスタッフの手許において活用されること，またスタッフ教育の良い参考書となることを切望する．

2012年8月

編者一同

1) 中央労働災害防止協会（編）：危険予知訓練．中央労働災害防止協会，2011，pp38-42．
2) 兵藤好美，細川京子：医療安全に活かすKYT．メヂカルフレンド社，2012．
3) 田中哲郎：保育園における危険予知トレーニング．日本小児医事出版，2008．

訪問リハ危険予知トレーニング　KYT50の場面
・・・目次・・・

I. 医学的リスク

■ (1) 全身状態に関するリスク

1 利用者が転倒した！ ……………………………………………………………………… 003
訪問すると，利用者は椅子に座っていました．「昨日，尻もちをついた．腰と背中が痛い」と言われました．

2 朝食前に運動!? ………………………………………………………………………………… 005
朝9時に訪問したら，「寝坊してしまい朝食をまだ食べていない」と言われました．

3 夏にエアコンを使わない利用者 ………………………………………………………… 007
夏季，エアコンを使用せず扇風機を使用されています．

4 不眠の裏にひそむリスクとは？ ………………………………………………………… 009
「夜，よく眠れず頻繁に目が覚める」という相談を受けました．

5「体調不良」で片づけてよいか？ ………………………………………………………… 011
高血圧症と糖尿病を合併する脳梗塞の利用者です．
「昨日から体調がすぐれない．頭がボーっとする」とおっしゃっています．

6 在宅酸素療法(HOT)利用者への生活指導は？ ……………………………………… 013
HOTを使用されている利用者です．運動療法やADL指導を行います．

7 吸引を行うときの対処法は？ …………………………………………………………… 015
パーキンソン病で寝たきりの利用者です．
利用者の家族から「訪問リハのときも痰の吸引を行ってほしい」と依頼がありました．

8 人工呼吸器のエラーメッセージがなりました ……………………………………… 017
在宅人工呼吸療法(HMV)を行っています．非侵襲的陽圧換気法(NPPV)のアラームがなりました．

9 合併症に心筋梗塞が… …………………………………………………………………… 019
既往歴に心筋梗塞がある利用者です．電車に1人で乗って外出できるようになることが本人の希望であり，訪問リハで屋外歩行練習の実施を希望されています．

10 独居の利用者が発熱した！ ……………………………………………………………… 021
一人暮らしの男性の利用者です．訪問し体温測定をしたら37.5℃ありました．キーパーソンである利用者の兄弟は遠方に住んでいます．本人は「寝ていれば治るから心配しないでいい」とおっしゃっています．

11 褥瘡が改善してきました．いざ離床！ …………………………………………… 023
仙骨部に褥瘡を作って寝たきりの利用者です．最近，痂皮形成がなされ褥瘡は改善傾向にあります．
離床を促す介入を行います．

12 血圧がいつもより高い…? ... 025
老夫婦のご主人が利用者です．いつものように運動プログラムを行ったら，日頃より血圧が大幅に上昇しました．

13 血圧がいつもより低い…? ... 027
糖尿病，高血圧症を有し，不整脈によりペースメーカーを入れている利用者です．
安静時の血圧を測定すると通常より大幅に低下しています．本人に自覚症状はありません．

14 インフルエンザ発生! ... 029
インフルエンザの診断を昨日受けた利用者です．現在，体温は37.5℃です．
排痰のための呼吸理学療法の依頼がありました．

15 MRSA発生! ... 031
足指に糖尿病性の潰瘍があります．潰瘍部からMRSAが検出されました．屋内歩行は自立しています．

16 大量の便失禁! ... 033
寝たきりの利用者が，下衣，シーツを汚染するほど大量の便失禁をしてしまいました．
主介護者は外出しています．

(2) 治療プログラムに関するリスク

17 ベッドから車いすへの移乗動作 ... 035
脳梗塞(Br. stage Ⅱ)の利用者です．ベッドから車いすへ移乗します．

18 ベッドからの起き上がり動作 ... 037
脳梗塞(Br. stage Ⅱ)の利用者です．ベッドから起き上がります．

19 ベッドからの立ち上がり動作 ... 039
肺炎を発症し，1週間にわたり臥床傾向が続きました．今日からリハを再開します．
ベッドから立ち上がろうとしています．

20 屋内歩行 ... 041
パーキンソン病(Yahr stage Ⅲ)の利用者です．トイレまで歩く様子を確認します．

21 階段昇降 ... 043
変形性膝関節症の利用者です．階段昇降動作の練習を行います．

22 入浴動作 ... 045
変形性膝関節症の利用者です．浴槽で入浴する練習を行います．

23 屋外歩行 ... 047
糖尿病の利用者です．自宅周囲の屋外歩行練習を行います．

24 床からの立ち上がり練習 ... 049
腰椎圧迫骨折の利用者です．床からの立ち座りの練習をします．

25 筋力増強運動 ... 051
腰椎圧迫骨折の利用者です．リハを今までに受けたことがありません．下肢の筋力増強運動を行います．

(3) 訪問リハの方針を決める際のリスク

26 下肢装具を処方する ———————————————————————————— 053
脳梗塞の利用者です．短下肢装具を使用していません．
短下肢装具を使用したほうが移乗動作や歩行の安定性が高まり，転倒を予防できるように思います．

27 寝具はベッド？ 布団？ ———————————————————————————— 055
寝具として布団を使用している利用者です．布団からの立ち上がり動作は，どこかにつかまれば可能ですが，
大変そうです．寝具を布団からベッドに変更したほうが安全に思われます．
しかし，本人はベッドを使用することに消極的です．

28 「運動はやりたくない」と言われたら…？ ———————————————————————————— 057
利用者は「運動はやりたくない」とおっしゃっています．しかし，利用者の家族やケアマネージャーは
訪問リハでの運動療法が必要だと考えています．

29 利用者と家族の希望が異なっている ———————————————————————————— 059
利用者は1人で外出し近所のスーパーで買い物ができるようになることを目標としています．
しかし，キーパーソンである家族は，転倒を恐れ，1人で外出してほしくないと考えています．

30 主介護者である息子は不在がち… ———————————————————————————— 061
寝たきりの高齢女性で，息子夫婦が介護を行っています．主介護者は息子であり，介護の方針は主に息子が
決めています．介護方法の指導と拘縮予防を目的に訪問リハを行っています．主介護者である息子は訪問時
に私用のために不在のことが多く，お嫁さんが主に訪問スタッフの対応をしてくれます．

31 認知症利用者の離床を進めたい ———————————————————————————— 063
認知症と廃用性の身体機能低下により，主にベッド上で生活している利用者です．
離床を促すためケアマネージャーから訪問リハの依頼がありました．

32 ポータブルトイレの導入を阻む壁 ———————————————————————————— 065
歩行が不安定となり，トイレまで歩行していくことが困難になった利用者です．ポータブルトイレ（Pトイレ）を
使用することを提案しましたが，利用者，家族ともにPトイレの使用に消極的です．

33 癌のターミナルの利用者から依頼がありました ———————————————————————————— 067
主治医から「余命3カ月」と告知されている利用者です．著明な神経症状はありませんが，
ベッドから立ち上がることに介助が必要です．本人は「トイレまで1人で歩いていきたい」と希望しています．

II．接遇に関するリスク

34 呼び鈴をならしても出てこない独居の利用者 ———————————————————————————— 071
約束の時間に訪問し，玄関先で呼び鈴をならしても応答がありません．玄関の鍵は閉まっています．

35 10分の遅刻 ———————————————————————————— 073
約束の訪問時間に10分くらい遅れそうです．

36 雨の日の訪問 ———————————————————————————— 075
雨が降っています．自転車で移動しているためレインコートを着ています．これから利用者宅に入ります．

37 トイレや寝室の家屋評価を行う時は？ ———————————————————————————— 077
初めて訪問する利用者です．家屋状況を確認するために，トイレや風呂場，寝室を見せてもらおうと思います．

38 利用者の杖を破損してしまった！ — 079
利用者のT字杖を誤って地面に落とし，持ち手の部分が欠けてしまいました．
T字杖は使えなくなってしまいました．本人と家族は「気にしなくていい」とおっしゃっています．

39 訪問曜日や時間を変更する — 081
認知機能の低下が疑われる利用者です．次回の訪問から，訪問曜日と時間を変更したいと思います．
利用者本人には説明し，変更することの同意をいただきました．

40 担当者を変更する — 083
訪問リハの担当者を変更します．

41 帰り際のお茶とお菓子 — 085
訪問リハが終了して退室しようとしたら，お茶とお菓子が出されました．

42 利用者宅の電話がなっている — 087
利用者の家の電話がなりました．利用者の家族は外出中です．利用者自身は歩行困難であり，
電話まで急いで歩いていくことは困難です．

43 風邪気味のスタッフ — 089
担当スタッフが風邪をひき，声をからしてしまいました．既に熱は下がり，咳，痰などの感冒症状はありません．

Ⅲ．連携に関するリスク

44 突然の訪問リハ終了の連絡 — 093
ケアマネージャーから「デイサービスを開始するので訪問リハを中止したい」と連絡がありました．
しかし，先日行われた担当者会議では，デイサービスの利用を検討しているという話はありませんでした．

45 デイサービスでの入浴方法をアドバイス？ — 095
訪問リハで担当している利用者が，リハ専門職が在籍しない他法人が運営するデイサービスに通っています．
ケアマネージャーから「デイサービスでの入浴方法についてアドバイスをしてほしい」とFAXで依頼されました．

46 住宅改修における連携は？ — 097
自宅で入浴するために浴室に手すりがあったほうがよさそうです．
これからケアマネージャーと工務店に連絡をいれます．

47 脳卒中の利用者から「手は治りますか？」と問われたら…？ — 099
脳梗塞左片麻痺の方です．発症後1年間経過していますが，左手は弛緩性麻痺を呈しています．
利用者から「左手は治りますか？」と聞かれました．

48 訪問看護指示書の開示要求 — 101
利用者から「訪問看護指示書を見せてほしい」と言われました．

49 通所サービスの利用を勧めるためには？ — 103
通所サービスの利用をご本人に提案したところ，「以前，デイサービスを利用したことがあるが，ぬり絵や習字
など小学生のようなことをやらされた．子供あつかいされるようなところには行きたくない」と言っています．

50 振り替え訪問にご用心 — 105
訪問日が祝日にあたりました．利用者は外出予定があるため，振り替え訪問を希望されました．

付表 —— 107　　索引 —— 108

執筆担当一覧

齋藤崇志　[1] [26] [27] [28] [29] [30] [32] [37] [40] [41] [42] [44] [45] [46] [47] [48] [49] [50]
大森　豊　[2] [5] [12] [13]
安藤　誠　[3] [4] [9] [10] [11] [14] [15] [16] [17] [18] [19] [31] [33]
横山有里　[6] [7] [8]
澤田圭祐　[20] [21] [22] [23] [24] [25]
宮尾一久　[20] [21] [22] [23] [24] [25]
新井健司　[34] [35] [36] [38] [39] [43]

I 医学的リスク

(1) 全身状態に関するリスク
(2) 治療プログラムに関するリスク
(3) 訪問リハの方針を決める際のリスク

I. 医学的リスク

（1）全身状態に関するリスク
訪問リハでは，まず利用者の全身状態を
的確に把握することが重要です．
利用者の様子がいつもと異なるとき，
あなたならどう対応しますか？

（2）治療プログラムに関するリスク
基本動作や日常生活活動動作の練習を
行う際に起こりうるリスクと対処法を考えて
みましょう．

（3）訪問リハの方針を決める際のリスク
訪問リハを進めるには，
利用者・家族と統一した方針をとることが
理想ですが，それを阻むことが起こったとき，
どう対応したらよいかを考えましょう．

(1) 全身状態に関するリスク

1 利用者が転倒した！

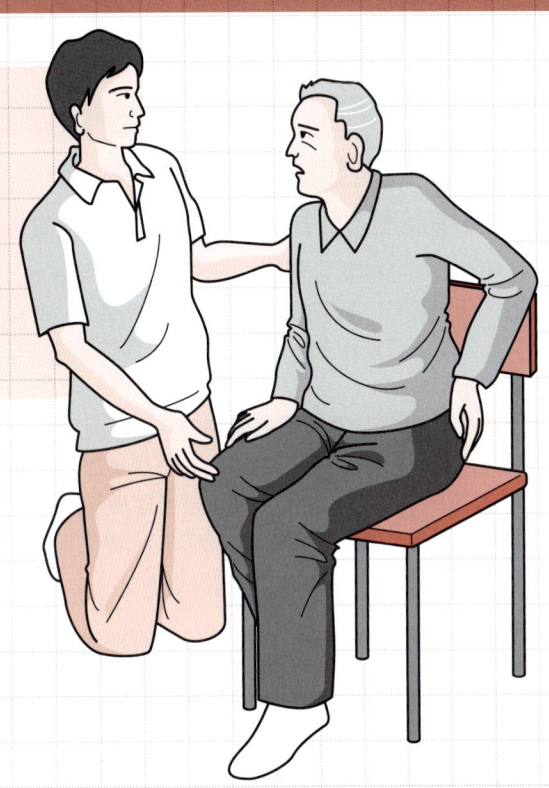

訪問すると，利用者は椅子に座っていました．「昨日，尻もちをついた．腰と背中が痛い」とと言われました．

医学的リスク

✏️ どんなリスクが隠れていると思いますか？

✏️ あなたなら，どのように対応しますか？

❶ 利用者が転倒した！

point
- ☐ 転倒による外傷の有無と，日常生活活動に与える影響をチェックしましょう．
- ☐ なぜ転倒したのかを考え，再発を予防しましょう．

⚠ 予測されるリスクの例

☐ 転倒した時に大腿骨頸部を骨折している．

☐ 転倒時に脊椎が圧迫骨折している．また，それにより神経が損傷している．

患部の状態を確認しましょう．仮に，利用者が「痛いけど我慢できるから大丈夫」と答えても，骨折している可能性は否定できません．体動が困難なほど強い疼痛がある場合は，骨折している可能性を疑い，救急車の要請を検討しましょう．

〔具体的行動・対応〕
外傷の部位，自動運動の可否，運動時痛の有無，炎症所見の有無，四肢筋力・感覚・腱反射など神経症状を確認しましょう．ただし，患部を動かすことで外傷を悪化させる可能性があります．患部を動かす時は愛護的に行い，疼痛が伴う場合は無理に動かすことは避けましょう．経験の浅いリハスタッフの場合，1人で適切な判断ができないこともあると思います．その時は，躊躇せずに，その場で上司や先輩に連絡をとり指示を仰ぎましょう．

⚠ 予測されるリスクの例

☐ 疼痛のためトイレまで歩いていけなくなり，オムツを使用する状況になっている．

骨折がなかったとしても，転倒後の疼痛などが日常生活活動（ADL）の動作に影響を及ぼしている可能性があります．動作の安全性や介護量の変化を確認しましょう．

〔具体的行動・対応〕
床上動作，トイレ動作，入浴動作，屋内歩行，移乗動作など基本的なADL動作の実施状況や介護量に変化がないかを評価しましょう．特に，独居の高齢者（介護者が日中不在のため日中のみ独居となる高齢者を含む）の場合，転倒後の生活状況を精査する必要があるでしょう．疼痛などを抱えたまま無理にADL動作を行えば，再転倒する可能性があります．ケアマネージャーと連携し対応を検討しましょう．

⚠ 予測されるリスクの例

☐ 後日，同じ場所で再び転倒してしまう．

再転倒する可能性があります．転倒原因を分析し再発を防止しましょう．

〔具体的行動・対応〕
転倒当時の状況（場所，時間，何を行っていた時に転倒したのか？など）を詳細に聴取し，転倒の原因を内的要因（運動機能や認知機能など利用者側の要因）と外的要因（段差や絨毯など外部環境の要因）に分けて評価し，再発予防策を考えましょう．

2 朝食前に運動!?

> 朝9時に訪問したら,「寝坊してしまい朝食をまだ食べていない」と言われました.

医学的リスク

✏️ どんなリスクが隠れていると思いますか？

✏️ リスクの内容とその原因を検討しましょう.

❷ 朝食前に運動⁉

point
- ☐ 在宅高齢者の朝食摂取が運動療法の可否に影響を与える事柄を考えてみましょう．
- ☐ 生活リズムについても検討しましょう．

❗ 予測されるリスクの例

☐ 服薬はできているのか．

☐ 食事を摂取しないことで低血糖などの症状は考えられないのか．

解説 在宅高齢者の多くは食事と服薬が連動していることが少なくありません．特にこの利用者のように朝は前日の服薬（多くは夕食時）からもっとも時間が経過しており，薬効が低下している可能性も考えられます．また糖尿病などの合併症がある事例では，低血糖などの症状が発生する可能性も考えられます．

〔具体的行動・対応〕
多くの場合，この状態で運動を無理に進めるべきではないと判断します．どうしてもという場合に関しては，バナナなどで補食をおこない服薬してから運動するという方法もありますが，薬に関してはそれぞれに効果が現れる時間があり配慮が必要です．

❗ 予測されるリスクの例

☐ 寝坊してしまった原因は何なのか？

解説 寝坊してしまった原因を考えてあげることは重要です．「夜ふかしをしてしまった」，「夜間深い睡眠が妨げられている（昼夜逆転などを含む）」など思わぬ生活上の問題がひそんでいる可能性があります．もちろん，我々も夜ふかしをしてしまうことがありますし，それらが必ずしも悪いことばかりではありませんが，その方の健康を損なわないような配慮をする必要があります．

〔具体的行動・対応〕
生活サイクルの中で朝食時間に変動が多くなるような方でしたら，思い切って訪問時間を変更することも必要です．その方らしい生活を一緒に考えながら適時対応するのが好ましいと思います．もちろん健康に害があると考えられるほど生活リズムに問題がある場合には，生活リズムを整えるための指導を必要とするケースがあることも事実です．

3 夏にエアコンを使わない利用者

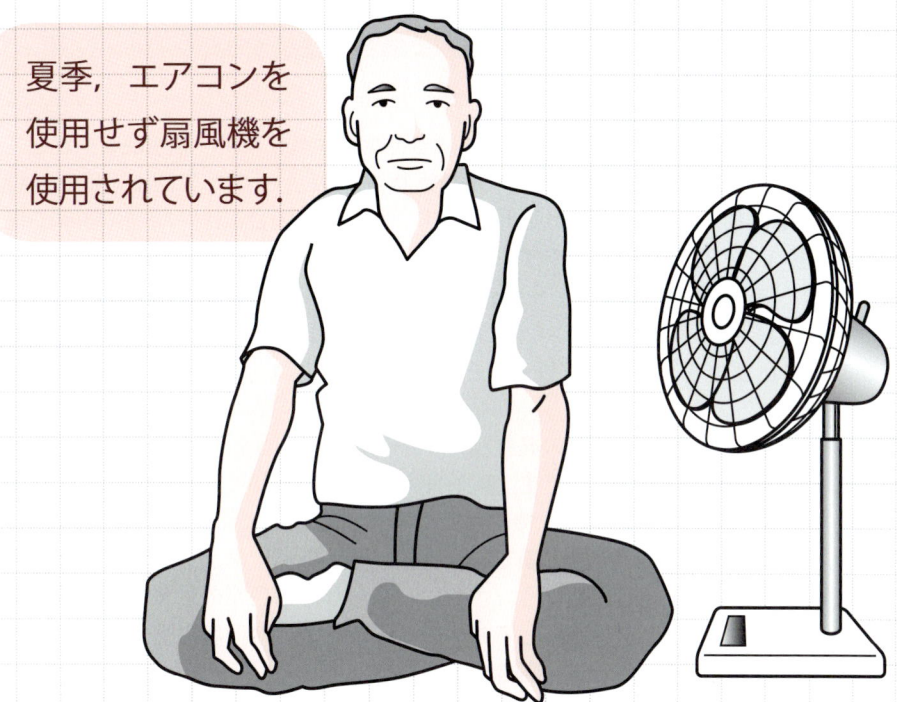

夏季,エアコンを使用せず扇風機を使用されています.

医学的リスク

✏️ 夏季の高温多湿の環境で,どのようなリスクが考えられますか?

✏️ リスクに対して,必要な情報収集と適切な対応を考えてみましょう.

3 夏にエアコンを使わない利用者

□ 空調管理がされていない環境で起こる医学的問題を考えてみましょう

予測されるリスクの例

□ 脱水症や熱中症になっている．

暑い室内で脱水症や熱中症になっている可能性があります．脱水症を引き起こすと，水欠乏性の症状（口渇感，尿量減少，精神症状）か，ナトリウム欠乏性の症状（倦怠感，頭痛，脱力感，血圧低下，昏睡）が出現します．熱中症の場合には，同様に頭痛や倦怠感，けいれん，意識障害などの症状が出現します．脱水症や熱中症が疑われる際には，水分と電解質を同時に補給し，発熱がある場合は頸部や腋下，鼠径部など大血管が走行する付近のクーリングが必要です．脱水症の場合には脳梗塞のリスクが高くなります．呂律が回らない，手足がしびれる，めまいといった症状があるかどうかを確認し，脳梗塞など重篤な状態の場合は救急搬送での対応が必要になります．

高齢者は加齢により脱水症や熱中症の発生リスクが高くなります．そのため，事前にリスクを避けるための環境整備と情報収集が必要です．高齢者の場合，室温28℃以上で脱水症や熱中症を起こす危険性が高くなるため，夏季には扇風機だけではなく，空調による室温管理が望ましいでしょう．気温の体感には個人差があるので，主観で判断せず，温度計や湿度計を用いて環境を評価し，利用者に空調利用の必要性を説明しましょう．さらに，あらかじめ日常の水分補給量や尿量・尿回数を聴取しておき，脱水症のリスクを把握しておきましょう．室温や湿度の理想的なコンディションは22±2℃，湿度45〜65％で，一日に必要な水分摂取量は1.3〜1.5Lとされています．

〔具体的行動・対応〕
脱水症や熱中症の症状（口渇感，尿量減少，倦怠感，頭痛，血圧低下，意識障害，けいれん）を確認しましょう．脱水症や熱中症が疑われる場合には，水分と電解質を補給し，クーリングを実施しましょう．脳梗塞が疑われる場合には救急搬送を検討しましょう．

4 不眠の裏にひそむリスクとは？

「夜，よく眠れず頻繁に目が覚める」
という相談を受けました．

医学的リスク

✏ どのような不眠の原因やリスクが考えられますか？

✏ 不眠により引き起こされるリスクと不眠を引き起こす原因にどのように対応しますか？

4 不眠の裏にひそむリスクとは？

point
- □ 不眠により出現する症状とリハへの影響を考えてみましょう．
- □ 不眠の日常生活への影響を考えてみましょう．
- □ 不眠の原因とその対処を考えてみましょう．

❗ 予測されるリスクの例

□ 血圧上昇や頻脈，頭痛など身体的な症状が出現している．
□ 情緒不安定や覚醒度の低下，集中力の低下など精神的な症状が出現している．

不眠は循環異常や頭痛などの身体症状や，覚醒度・集中力低下など精神症状の原因となります．症状を観察し，リハ実施の可否や運動メニュー変更の判断が必要です．

〔具体的行動・対応〕
血圧や心拍数，自覚症状を確認しましょう．日頃と異なる状態が認められれば，運動メニューの変更やリハの中止を検討しましょう．

❗ 予測されるリスクの例

□ 生活リズムが乱れてしまう．

不眠により昼夜逆転する可能性があります．生活リズムの乱れは，利用者の体調に影響を与えるのみならず，家族の介護負担が増大する可能性があります．

〔具体的行動・対応〕
日中の離床を促しましょう．生活リズムを再構築するために通所サービスの利用を検討することも有効です．

❗ 予測されるリスクの例

□ 夜間頻尿が理由で不眠であり，夜間のトイレへの移動の際に転倒の可能性がある．
□ 既に不眠に対して睡眠薬が処方されているが，服薬できていない．

「よく眠れず頻繁に目が覚める」には何か理由があるはずです．例えば，疼痛や動悸，呼吸困難，夜間頻尿など様々な要因があげられます．利用者へ問診を行い，不眠の原因を特定しましょう．そして，それぞれの原因への対策を検討するとともに，不眠の原因から派生するリスクについても対応しましょう．

〔具体的行動・対応〕
例えば，夜間頻尿は不眠の理由として頻繁にあげられます．なかには，2時間に1回くらいの頻度で夜中トイレに行く利用者もいます．このような利用者の場合，睡眠不足が体調に与える影響もさることながら，「夜間に安全にトイレに行けているのか？」という転倒リスクについても考える必要があります．トイレまでの動線（距離，段差，照明など）や，排泄方法（トイレや尿器での排泄，夜間はオムツで対応など）や環境整備（手すり導入，ベッド位置の変更，足元の照明使用）を検討する必要があります．また，不眠傾向の利用者には睡眠薬が処方されていることがありますが，その服薬ができていないために「頻繁に目が覚める」のかもしれません．服薬管理の状況を問診し，状況によっては看護師による服薬管理が必要になることもあります．

5 「体調不良」で片付けてよいか？

高血圧症と糖尿病を合併する脳梗塞の利用者です．
「昨日から体調がすぐれない．頭がボーっとする」
とおっしゃっています．

運動療法を行いますか？　それとも今日は中止にしますか？

利用者を前に，どのようなデータから運動療法の可否を判断しますか？

5 「体調不良」で片付けてよいか？

point
- ☐ 問診により問題を把握しましょう．
- ☐ 客観的なデータとはどのようなものでしょうか？
- ☐ 上記から運動療法の可否をどう判断し，どのように対応すべきでしょうか？

❗ 予測されるリスクの例

☐ **生活状態の問題**
☐ **疾患に起因する問題**

前日の生活状態などを問診しましょう．体調不良という言葉のなかには様々な状況がひそんでいる可能性があります．寝不足や前日の活動量過多による疲労のように非日常的な活動が原因のものや明らかに疾患に起因する問題（脳梗塞の再発，低血糖，服薬の問題など）が予測されます．

〔具体的行動・対応〕
生活状態の問題が明らかな場合には関節可動域練習などを主体として経過を観察しましょう．その時のバイタルサインの変化などを注意深く観察して利用者と相談しながら進めます．時には意欲の問題であることも考えられますので，通常時から利用者の状況について統括的に理解しておく必要があります．
疾患に起因する問題の場合には医療機関への連絡などの対応が必要になります．服薬を行っていない場合には安易に内服を促すよりも担当の看護師らと連携をとり，どのように対処するのかを確認することが必要です．特に利用者の勘違いなどで二重に服薬させてしまうケースも考えられることから安易に服薬を促すことには注意が必要です．報告や相談を行う場合には，後述するように可能な限り客観的な値を用いて報告する必要があります．

❗ 予測されるリスクの例

☐ **客観的な情報の問題**

疾患が原因であるか否かの判断の一助として，また，それらを報告する場合には客観的な情報の分析が役に立ちます．例えば，通常の安静時の値に比較して明らかにデータが変動しているような場合には注意が必要です．体温の上昇は感冒症状や肺炎を，また体温が上昇していなくても動脈血酸素飽和度の低下がある場合には肺炎（高齢者では発熱がない場合もしばしばあるようです）や心不全など循環器の問題が発生している可能性も考えられます．この利用者の場合には低血糖による症状も予測されることから血糖測定値も有用と考えます．その他にも血圧上昇，低下，不整脈など様々なことが考えられます．具体的な値に関しては，日本リハビリテーション医学会によるリハビリテーション中止基準（107頁，付表①）を参考にされるとよいでしょう．

参考文献
1) 石黒友康・他監修：在宅・訪問リハビリテーションリスク管理実践テキスト．診断と治療社，2009.
2) 日本リハビリテーション医学会診療ガイドライン委員会編：リハビリテーション医療における安全管理・推進のためのガイドライン．医歯薬出版，2006.

6 在宅酸素療法(HOT)利用者への生活指導は?

HOTを使用されている利用者です.
運動療法やADL指導を行います.

医学的リスク

🖍 あなたなら,どのような視点でHOT利用者のリスクを考えますか?

🖍 HOT利用者のリハ実施にあたってどのようなリスクが予測されますか?

6 在宅酸素療法（HOT）利用者への生活指導は？

point
- ☐ HOTの必要性や処方された酸素流量を守ることを十分に説明しましょう．
- ☐ 安静時や運動時，ADL動作の際の呼吸状態を理解しましょう．
- ☐ 環境的な側面にも目を向けましょう．

❗ 予測されるリスクの例

☐ HOTを使用したがらない．利用者自身の判断によって酸素流量を勝手に増減する．

解説 HOTの必要性，目的，リスクを説明し，医師が処方した流量を守るように指導しましょう．

〔具体的行動・対応〕
利用者が個人判断でHOTを使用しなかったり，労作時に流量を上げる指示が出ているにもかかわらず変えないことがあります．慢性的に低酸素状態の利用者では低酸素血症の状態でも呼吸苦を感じないことがありますが，肺高血圧症や肺性心など低酸素状態が及ぼす影響について理解してもらうことが必要です．逆に，呼吸困難感が強いからといって安易に流量を上げたがる利用者もいます．慢性的に高炭酸ガス血症を示すタイプ（Ⅱ型呼吸不全）では安易な流量の増加によりCO_2ナルコーシスを引き起こす可能性があります．医師の処方を守るように指導しましょう．

❗ 予測されるリスクの例

☐ 運動時やADL動作時に強い低酸素血症を生じる．

解説 安静時ならびに動作時の呼吸状態を確認しましょう．利用者が動作時に呼吸困難感を訴えない場合でも著明な低酸素血症を生じていることがあるため，自覚的所見のみならず他覚的所見も確認しましょう．

〔具体的行動・対応〕
自覚症状：経時的変化がわかるようにBorgスケールなどを活用しましょう．息切れの強さと，下肢（上肢）の疲れ具合を分けて評価するとよいでしょう．
客観的評価：パルスオキシメータによる低酸素血症の確認，チアノーゼの有無を確認しましょう．
　緩徐に進行していくタイプの呼吸不全もあります．労作時や労作後に強い呼吸困難感や低酸素血症を生じる場合には，酸素流量を増量することができる余地があるかを医師に確認しましょう．

❗ 予測されるリスクの例

☐ HOT機器の管理が不十分で十分な酸素供給が得られず，低酸素血症を生じる．

解説 HOT利用者に酸素を安定して供給するには，医療機器メーカーとの連携が必要です．緊急時の連絡先などは確認しておきましょう．また利用者自身に認知面の不安がある場合は家族の協力も必要となります．

〔具体的行動・対応〕
酸素濃縮器と酸素チューブや延長チューブの接続の確認，携帯用ボンベの酸素残量や電池の確認，酸素チューブの折れ曲がりの確認をしましょう．機器の安全な管理のために必要な知識を理解しましょう．巻末のHOT機器の取り扱いについての豆知識（107頁，付表②）を参考に対応してください．

7 吸引を行うときの対処法は？

パーキンソン病で寝たきりの利用者です．利用者の家族から「訪問リハのときも痰の吸引を行ってほしい」と依頼がありました．

✏️ 吸引に伴って生じるリスクは何でしょう？

✏️ あなたならどのような対処をしますか？

7 吸引を行うときの対処法は？

point
- □ 吸引の方法や手順を理解し，吸引実施時の評価すべきポイントを理解しましょう．
- □ 吸引の実施に伴う合併症を理解し，安全に実施しましょう．

予測されるリスクの例

□ 吸引に時間がかかってしまい，低酸素血症を生じる．
□ 吸引に関連するリスクへの対応．

**解説** 吸引の方法や手順を医師や看護師に確認し，十分に熟練したのちに実施しましょう．また，吸引前後の変調を察知するために評価をしましょう．

〔具体的行動・対応〕
吸引の方法や手順は利用者個々により異なります．日本呼吸療法医学会の「気管吸引のガイドライン」，日本理学療法士協会の「吸引プロトコル」を参考に各々のマニュアルを医師，看護師と相談して作成しましょう．吸引実施前後はSpO_2，呼吸数，呼吸パターン，チアノーゼ・湿性咳嗽の有無，呼吸音の聴診などの評価を行い安全に配慮しましょう．
吸引は侵襲的な行為です．吸引に関連するリスク（低酸素血症，気管支喘息の誘発，気管支粘膜や気管損傷，循環の不安定，嘔吐，苦痛，不穏の出現など）への対応に関してもマニュアル作成時に検討しておくべきでしょう．

予測されるリスクの例

□ 吸引しても十分に痰の除去ができない．

解説 末梢気道に貯留した痰は十分に吸引できません．可能な限り中枢気道部に痰を集めてから吸引しましょう．

〔具体的行動・対応〕
呼吸音で痰が貯留している部位を確認し，体位排痰法や排痰手技を用いて痰を中枢部に十分移動させてから吸引しましょう．

予測されるリスクの例

□ 吸引後にも低酸素血症が改善されない．

**解説** 肺炎，心不全や気胸といった対処しきれない病態が隠れている可能性があります．

〔具体的行動・対応〕
改善困難な場合には，医師・看護師への相談，救急車の要請を検討しましょう．

8 人工呼吸器のエラーメッセージがなりました

在宅人工呼吸療法(HMV)を行っています．
非侵襲的陽圧換気法(NPPV)のアラームがなりました．

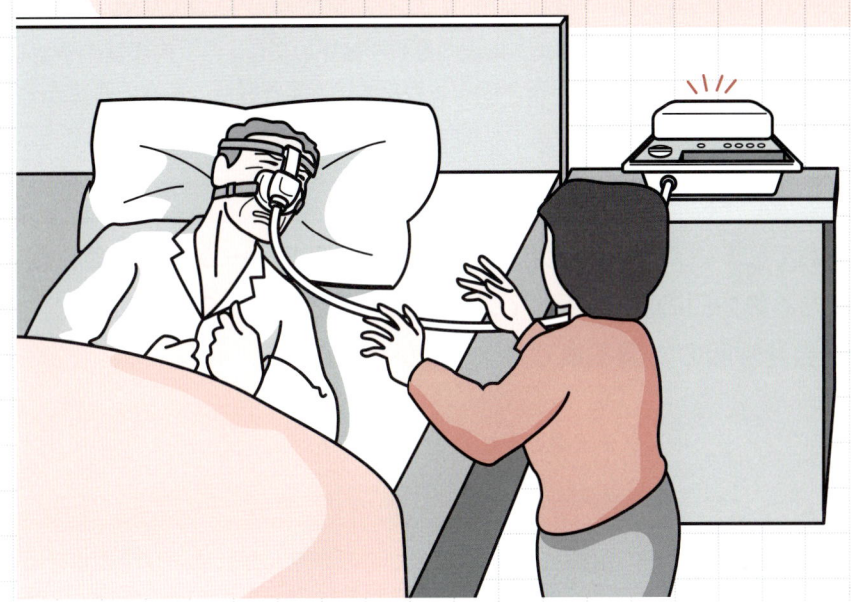

 どのようなリスクが隠れていると思いますか？

 あなたならどのような対処をしますか？

8 人工呼吸器のエラーメッセージがなりました

> **point**
> ☐ 人工呼吸器の接続やマスクのフィッティングなどの
>   トラブルについて確認しましょう．
> ☐ 安定期の呼吸状態を十分に理解し，
>   毎回それに比較し変調がないかを確認しましょう．

❗ 予測されるリスクの例

☐ 人工呼吸器の回路や加湿器の接続が不十分でアラームがなっている．

 人工呼吸器の回路，加湿器の接続，電源の接続を確認しましょう．呼吸器の予期せぬ事態，呼吸器に対する本人・家族の不安への対処のために人工呼吸器の業者の連絡先を準備しておきましょう．

❗ 予測されるリスクの例

☐ マスクがずれてしまいエアーリーク（空気漏れ）過多でアラームがなっている．
☐ マスクがあたる鼻や口の周りが痛くて，NPPVの装着を拒否している．
☐ 補助換気と自発呼吸の同調不良でアラームがなっている．

 マスクのフィッティングを確認しましょう．

〔具体的行動・対応〕
NPPVの場合，多少のエアーリーク（50L/M程度）は仕方がありませんが，リークが多すぎると適切な換気補助ができません．マスクが正しく装着できているかを確認しましょう．また，マスクと顔の接触点，特に鼻柱にはスキントラブルを生じやすく，この点についても看護師に相談しましょう．マスクのフィッティングを確認すると同時にNPPVと自発呼吸が同調して安定した呼吸が得られているか確認しましょう．咳嗽で同調不良になっている場合は十分排痰させてから再度装着してみましょう．

❗ 予測されるリスクの例

☐ 人工呼吸器回路の接続，マスクフィッティングに問題がないにもかかわらず，
  呼吸数，換気量，内圧アラームがなっている．

 人工呼吸器に問題がない場合は，患者自身の呼吸状態を評価しましょう．

〔具体的行動・対応〕
SpO$_2$，呼吸パターン，呼吸音の確認をしましょう．その他にも血圧，脈拍（心電図），意識レベル，発熱，むくみなどの全身状態を確認しましょう．異常が認められる場合は急性増悪や疾患の進行，他の合併症が考えられます．医師・看護師への相談，救急車の要請を検討しましょう．緊急の場合の対処方法を施設で検討しておきましょう．

合併症に心筋梗塞が…

既往歴に心筋梗塞がある利用者です．電車に1人で乗って外出できるようになることが本人の希望であり，訪問リハで屋外歩行練習の実施を希望されています．

医学的リスク

 屋外歩行練習で生じる循環器疾患のリスクとは？

 循環器疾患のリスクを軽減するためには，どのように対応したらよいでしょうか？

9 合併症に心筋梗塞が…

- [ ] **活動範囲の拡大によっておこる循環器のリスクを考えてみましょう.**

 予測されるリスクの例

- [ ] 屋外歩行練習中に心イベントが発生する.
- [ ] 屋外歩行に自信をつけた利用者の訪問日以外の外出頻度が増加する.

　心筋梗塞の既往歴がある利用者が訪問リハの対象となることは少なくありません. 医師がいない在宅で行われる訪問リハの実施中に心筋梗塞が再発した場合, 迅速に十分な救命処置を行うことは難しいでしょう. 心筋梗塞の既往歴がある利用者への訪問リハは, 医療機関におけるリハと同様に, リスク管理が必要になります.

訪問リハの現場は, 医療機関に比べ医学的情報が乏しいのが現状です. 主治医との連携を図り医学的情報の収集を心がけましょう. しかし, 医師との連携が難しく, 必要な情報を収集することが難しい場合もあります. その時は, 訪問リハの担当者が利用者の自覚症状や身体所見, 在宅へも連携可能な心電図から得られる情報などあらゆる手段を活用し, リスク管理に必要な情報を集める努力が求められます.

歩行後のバイタルサイン(血圧, 心拍数, 血中酸素飽和度)やBorgスケールを確認し, 歩行距離と心負荷の関係を把握しましょう. 可能であれば, 歩行後に心電図を測定し心筋虚血や運動誘発性不整脈の有無を確認しましょう. また, 身体所見として, 体重増加やむくみ, 息切れ, 倦怠感の有無を確認することは, 心不全徴候を早期に発見するために重要です. これらの点について大きな異常が認められなければ, 連続歩行距離を徐々に延長し, 段階的に活動範囲を広げていきましょう.

屋外歩行練習を開始すると利用者は少しずつ体を動かすことに対する自信を取り戻し, 広範囲, 高頻度で活動することができるようになります. しかし一方で, 過剰な活動は心負荷を増大させ, 心イベントを引き起こす可能性があります. 利用者やその家族に対して, 安全性を確認しながら段階的に活動範囲を広げていくことの必要性を理解してもらうことが重要です.

10 独居の利用者が発熱した！

一人暮らしの男性の利用者です．訪問し体温測定をしたら37.5℃ありました．キーパーソンである利用者の兄弟は遠方に住んでいます．本人は「寝ていれば治るから心配しないでいい」とおっしゃっています．

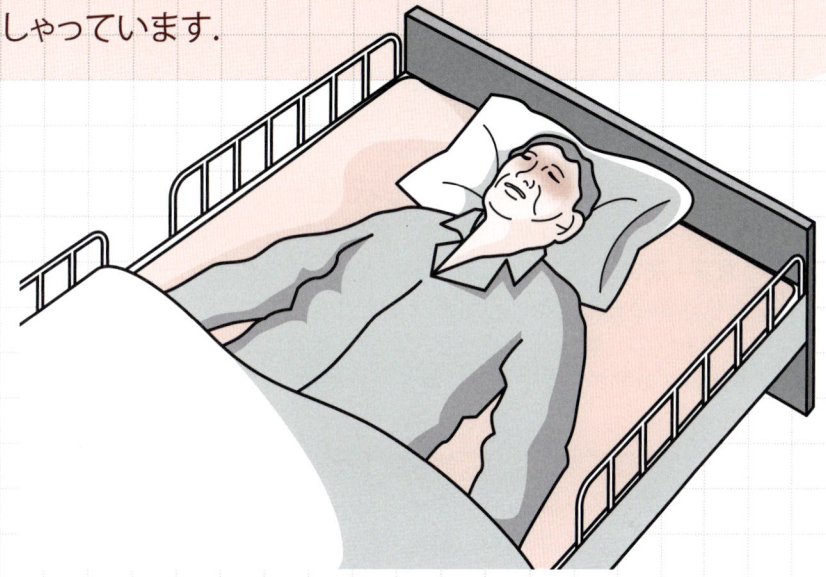

医学的リスク

✏️ どのようなリスクが考えられますか？

✏️ 介護者がいない状況で，どう対応する必要がありますか？

10 独居の利用者が発熱した！

□ 独居高齢者の社会的状況を考慮して，緊急事態に対応できる体制を整えましょう．

予測されるリスクの例

□ **訪問終了後に症状が悪化する可能性があります．**

発熱の原因が感冒や肺炎，尿路感染など感染症の場合，訪問後に症状が悪化し，脱水や痙攣，意識障害など重篤な状態に至る可能性もあります．特に急性感染症では悪寒を伴い，体温が急激に上昇します．発汗，倦怠感，頭痛，悪心，咳など感染症の随伴症状が確認されれば，早期に医療機関を受診することが望ましいでしょう．感染症の随伴症状を認めなければ，室温などの外的要因や脱水などの内的要因により発熱している可能性があります．そのような場合は，クーリングや環境調整による解熱が有効です．

医療機関では看護師が主に患者の体調管理をしていますが，在宅の場合は訪問時にリハスタッフが状態観察と状況判断をしなければなりません．訪問スタッフの経験が浅い場合，利用者の「寝ていれば治る」という言葉を聞いて，特に対応せず訪問を終了することがあります．万が一急変した場合には，独居という生活環境を考えると利用者一人で対応できない可能性があります．医学的状況も大切ですが，独居や家族の介護状況など社会的状況を考慮したうえで，緊急時を想定して関係機関と連絡をとり，サポート体制を整えておく必要があります．

〔具体的行動・対応〕
利用者の状態を入念に観察しましょう．感染症の随伴症状が認められる場合，医療機関を安全に受診する体制を整える必要があります．

体調の良い時には屋外を一人で歩ける利用者であったとしても，ヘルパーによる受診介助を考えましょう．歩行困難な状況の場合，救急搬送も検討する必要があります．

感染症の随伴症状がなければ，クーリングや環境調整で解熱させましょう．頭部のクーリングは爽快感を得るものの解熱の効果は低くなります．クーリングは大血管が走る頸部や腋下，鼠径部を冷やすようにしましょう

利用者の発言を鵜呑みにせず，医学的状況，社会的状況を鑑みて，ケアマネージャーなど関係機関に連絡をとり，万が一の緊急事態に対応できるよう体制を整えておきましょう．

11 褥瘡が改善してきました. いざ離床！

仙骨部に褥瘡を作って寝たきりの利用者です.
最近, 痂疲形成がなされ褥瘡は改善傾向にあります.
離床を促す介入を
行います.

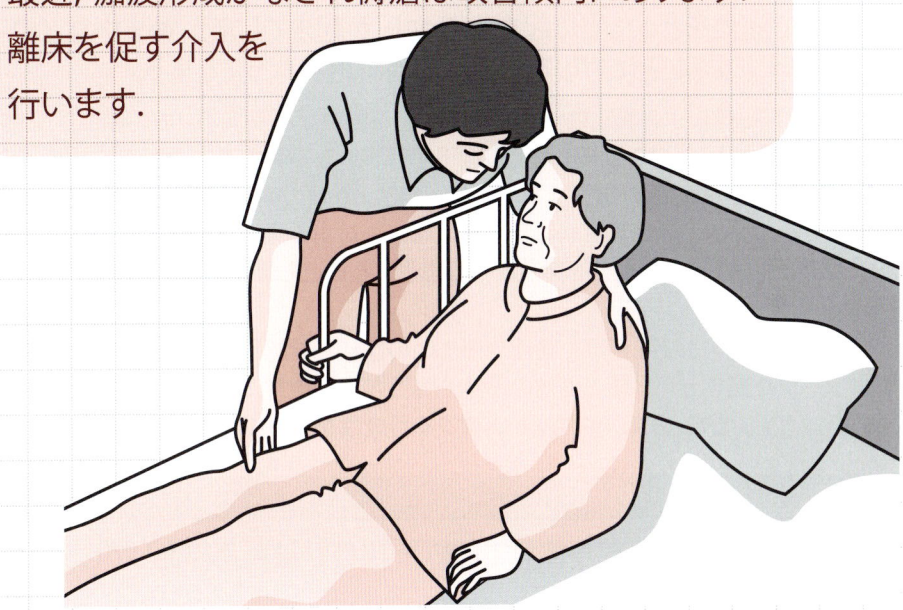

医学的リスク

🖍 離床の際にどのようなリスクが考えられますか？

🖍 リスクに対してどのような対応が必要ですか？

11 褥瘡が改善してきました．いざ離床！

> **point**
> ☐ 離床に伴う医学的リスクを考えてみましょう．
> ☐ 離床を進める際には，主治医や家族，ケアマネージャーなど関係者の意向を確認しましょう．

❗ 予測されるリスクの例

☐ 介助下で座位をとった際に起立性低血圧が起きてしまう．めまいなどの不快な症状により，離床することに対して利用者が消極的になってしまう．

長期臥床により起立性低血圧をきたす可能性があります．収縮期血圧10mmHg以上，拡張期血圧5〜10mmHg以上の低下でめまいを自覚することがあるため，急激な姿勢の変換は避ける必要があります．また，起き上がりの前に静脈還流量を増大させておくことも有効です．めまいなどの自覚症状は利用者の離床に対する意欲を減退させ，離床の阻害因子となります．めまいが出現する可能性をあらかじめ説明することも重要でしょう．

〔具体的行動・対応〕
ベッドのギャッジアップを用い，血圧やめまいの症状を確認しながら少しずつ起き上がるようにしましょう．また起き上がり前の下肢の運動や弾性包帯の使用により，静脈還流量を増やしておく予防策も有効です．また，めまいや動悸が出現する可能性があることを利用者に説明しておきましょう．

❗ 予測されるリスクの例

☐ 移乗介助の際に仙骨部が擦れてしまい，痂皮が破れ再出血してしまう．

ベッド上の移動時，患部への圧迫・摩擦により褥瘡が再発する可能性があります．

〔具体的行動・対応〕
褥瘡の場所を確認し，患部の圧迫・摩擦を避けるように起き上がりの介助方法を検討しましょう．またご家族にも適切な介助方法を指導しておきましょう．

❗ 予測されるリスクの例

☐ 家族には，理学療法士が「無理やり」離床を進めているようにみえ，理学療法士に対して不信感を抱く結果となってしまった．
☐ 家族は家事や就労で多忙であり，離床を促すことで家族の介護負担が増えてしまう．

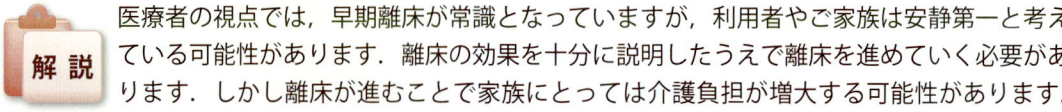
医療者の視点では，早期離床が常識となっていますが，利用者やご家族は安静第一と考えている可能性があります．離床の効果を十分に説明したうえで離床を進めていく必要があります．しかし離床が進むことで家族にとっては介護負担が増大する可能性があります．主治医や利用者，家族，ケアマネージャーなど関係者の意向を確認したうえでリハのゴールやADLを設定することが必要です．

〔具体的行動・対応〕
臥床の影響や離床の効果を十分に説明したうえで離床を進めていきましょう．離床は家族の介護負担を増大させる可能性があります．主治医や利用者，家族，ケアマネージャーなど関係者の意向を確認しましょう．

12 血圧がいつもより高い…?

老夫婦のご主人が利用者です．
いつものように運動プログラムを行ったら，日頃より血圧が大幅に上昇しました．

医学的リスク

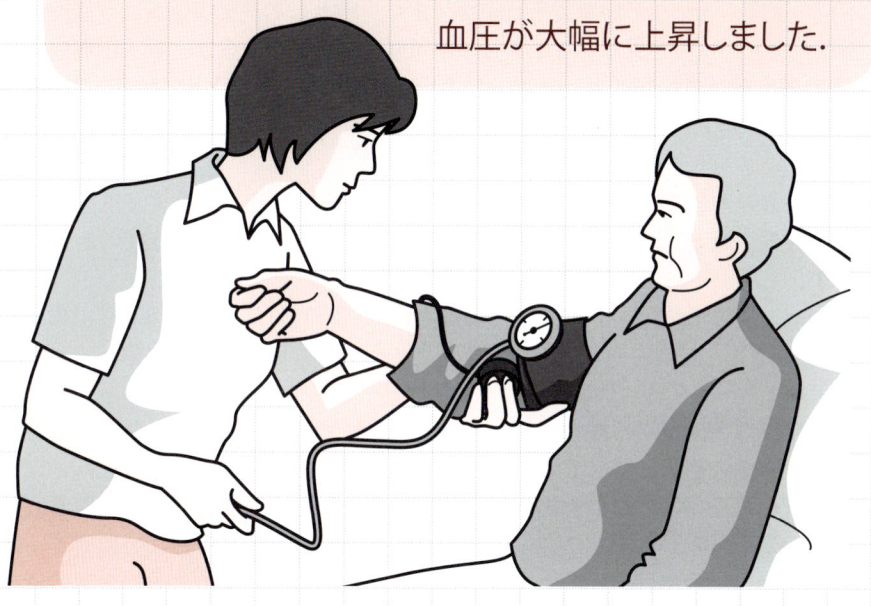

✏️ 運動療法を継続しますか？ それとも今日は中止にしますか？

✏️ 運動療法を行うため，もしくは中止するための基準を検討しましょう．

⓬ 血圧がいつもより高い…？

point ☐ 血圧上昇の原因を考えてみましょう．

予測されるリスクの例
☐ 生活上の問題

解説　このような場合に疑うべきものの一つとして，生活上の問題が考えられます．前日の睡眠不足，過度の活動などが考えられます．また，時として運動療法を行う直前にシャワーを浴びたなどいつもと異なることを行った可能性も考えられます．多くの高血圧症状のある利用者は内服治療を行っていますが，定められた時間に内服できているのか？　また内服薬の量，内容に違いがないのかなど注意が必要です．

〔具体的行動・対応〕
安静座位で血圧の変化を観察することが必要です．多くの場合，徐々に血圧が下がっていきますので時系列でその値を観察し，安静時とほぼ同じ状態に戻った段階で著しい症状の訴えがなければ経過観察とします．
ここで大切なのは，常日頃から運動について再現性がある負荷量(何mをどのくらいのスピードで歩行したかなど)を明確にしておくことです．時として治療者側が同じ負荷量と思っていてもスピードが速かったなど思い込みに起因する問題がひそんでいることもあります．
睡眠不足など生活上の問題がある場合には，その日の運動療法の内容を軽いものとして経過を観察しましょう．また，その原因に関して解決の必要がある場合には生活指導などを行いましょう．内服の問題に関しては服薬指導が必要な場合には看護師の介入を検討するなどの配慮も必要です．また，医師の処方の変更により発生した血圧上昇の場合には，医師への報告が必要です．高血圧などの症状がある利用者の場合には血圧の上限値をあらかじめ確認してあると思いますので，その値との差異を確認し，新たな数値の設定があれば再確認します．

予測されるリスクの例
☐ 疾患に起因する問題

解説　疾患に起因するものとしては，脳梗塞の発症なども考えられますが，そのような場合には麻痺が発生しているなどその他の臨床症状があることが多いため，見逃さないようにすることが大切です．

〔具体的行動・対応〕
麻痺や意識障害などの症状を伴う場合には，早急に医師と相談して救急搬送の手続きをとりましょう．

参考文献
1) 石黒友康・他監修：在宅・訪問リハビリテーションリスク管理実践テキスト．診断と治療社，2009．

13 血圧がいつもより低い…?

糖尿病,高血圧症を有し,不整脈によりペースメーカーを入れている利用者です.安静時の血圧を測定すると通常より大幅に低下しています.本人に自覚症状はありません.

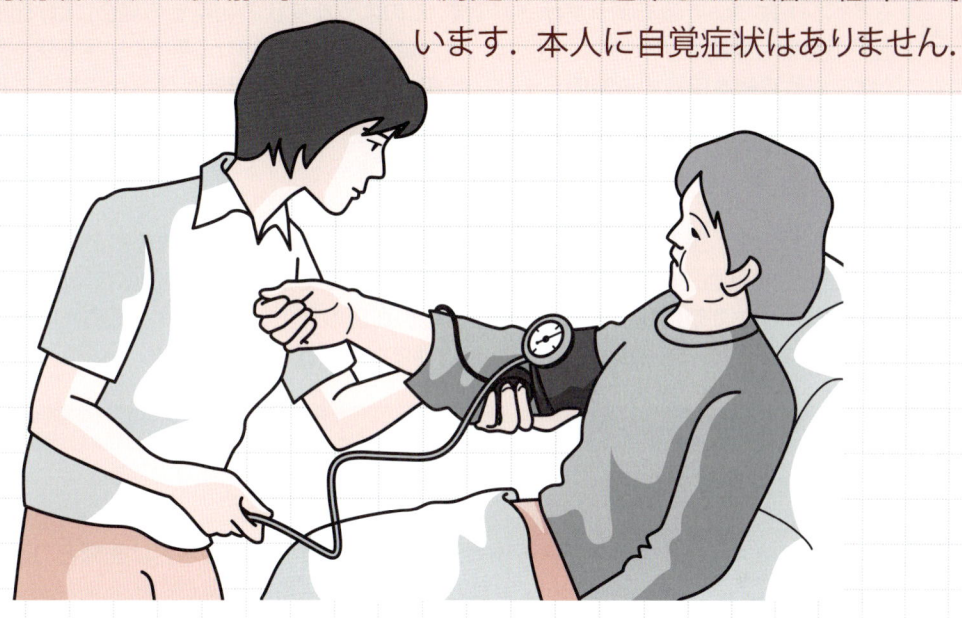

医学的リスク

✏️ 運動療法を行いますか?

✏️ 運動療法の可否を判断するために必要な情報や評価は何でしょうか.

13 血圧がいつもより低い…？

> **point** ☐ 血圧が低い原因を考えてみましょう．

⚠ 予測されるリスクの例

☐ 生活上の問題

解説 飲水量の管理が適切であるのか，服薬が正常に行えているのかなど，通常の生活とは異なるイベントについてのチェックが必要です．このような症状の利用者の場合には，起立性低血圧の影響も無視できません．例えば，重力負荷のかかる姿勢が通常より長く保たれた状態（通常では椅子座位姿勢を保持する時間が十分に管理されていない利用者が何らかの都合で椅子座位を長時間とっていて血圧が下がっていた）で，訪問して血圧を測定したなどの可能性も考えられます．

〔具体的行動・対応〕
日常生活上の問題（飲水量，服薬など）に関しては，指導が必要であれば看護師などと相談のうえで対処しましょう．起立性低血圧に関しては日頃からの管理が必要です．通常，座位保持時間の管理（5時間/1日程度）を行い，訪問時に臥位の血圧と椅子座位の血圧の変化をチェックしておくのも役立ちます．弾性包帯などで静脈環流を補助することも起立性低血圧には有効です．

⚠ 予測されるリスクの例

☐ 疾患に起因する問題

解説 この場合で考えられるのはペースメーカーの問題などです．この場合は医師との連携が必要です．

〔具体的行動・対応〕
この場合に最も適しているのは心電図を用いて評価することです．ペーシングの異常など様々な所見を観察でき，医師への報告もスムーズに行えると思います．訪問の場合には簡易型の心電図計を用いることが多いために誘導の報告も同時に行えるとよいでしょう．心電図計がない場合には，せめて脈拍数を測定することは可能です．触診で測定する方法よりも聴診器を用いて測定するほうがより正確な値が得られると思われます．自覚症状がないことから重篤な状況ではないと考えられますが，医師への報告と相談を行い慎重に対処すべきでしょう．

参考文献
1）石黒友康・他監修：在宅・訪問リハビリテーションリスク管理実践テキスト．診断と治療社，2009．

14 インフルエンザ発生！

インフルエンザの診断を昨日受けた利用者です．現在，体温は37.5℃です．排痰のための呼吸理学療法の依頼がありました．

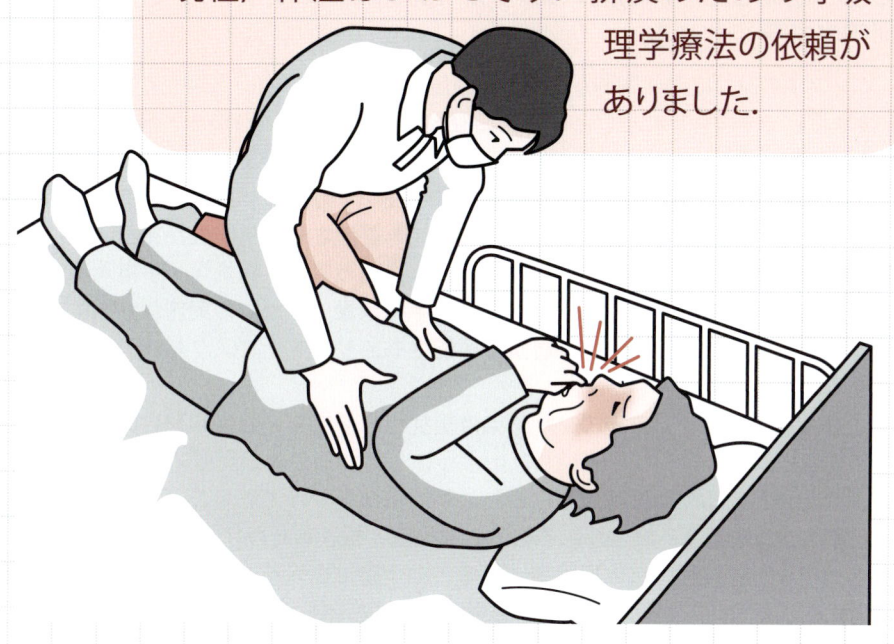

🖉 感染症の利用者宅を訪問する際にひそむリスクを考えてみましょう．

🖉 感染症の利用者へ接触する際に必要な対応を考えてみましょう．

14 インフルエンザ発生！

> **point** ☐ 感染予防に必要なことを考えてみましょう．

予測されるリスクの例

☐ 利用者の咳嗽や喀痰により訪問スタッフがインフルエンザに感染する．
☐ 別のお宅へ訪問した際に訪問スタッフがインフルエンザキャリアとなり，他の利用者を感染させる．

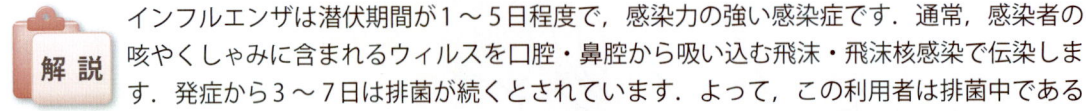

解説
　インフルエンザは潜伏期間が1～5日程度で，感染力の強い感染症です．通常，感染者の咳やくしゃみに含まれるウィルスを口腔・鼻腔から吸い込む飛沫・飛沫核感染で伝染します．発症から3～7日は排菌が続くとされています．よって，この利用者は排菌中であることが予測され，訪問によりスタッフが感染する危険性が十分にあります．スタッフがウィルスのキャリアとなることで，他の利用者にインフルエンザを蔓延させる危険性があります．感染から身を守る際にスタンダードプリコーション（標準予防策）に則って，手指洗浄・手指消毒やマスクの着用が欠かせません．感染者との接触前後で手洗いや手指消毒，うがいの実施が効果的です．また排痰の際に痰が訪問スタッフの顔や肌に付着する可能性もあります．マスクだけでなくゴーグルの着用も有効と考えられます．
　なお補足ですが，高齢者のインフルエンザ感染は重症化しやすく，肺炎や死亡のリスクが高い感染症であり，まずはインフルエンザに感染しないようにしておくことが重要です．10月以降，季節性インフルエンザが流行する時期には，あらかじめ予防接種を受けておくことが有効です．基礎疾患によっては接種に注意を要する場合があるので，主治医と相談したうえで接種する必要があります．また，高齢者のワクチン接種の抗体獲得率は若年・中年層に比べると低いため，家族や訪問スタッフなど利用者に関わる周囲の人間が予防接種を受けておくことも重要です．

〔具体的行動・対応〕
感染者への接触前後での手洗いや手指消毒，うがいを実施し，マスクを着用しましょう．感染者が気分を害さなければ，ゴーグルの使用を検討することも有効です．感染予防のために必要な対応であることを感染者に説明したうえで実施しましょう．

15 MRSA発生!

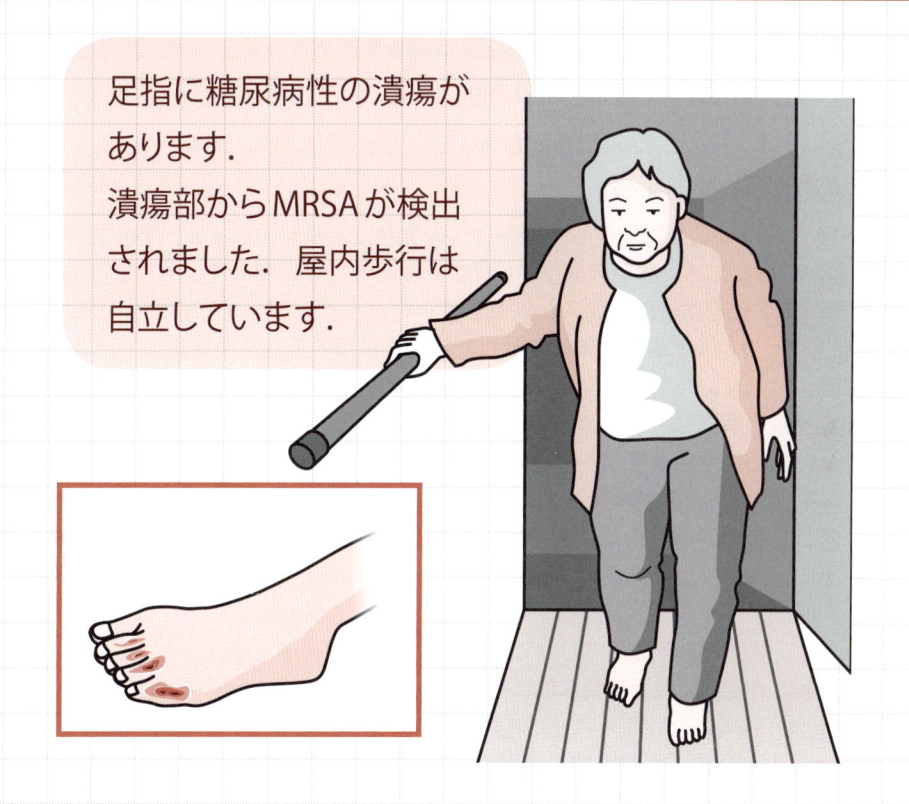

足指に糖尿病性の潰瘍があります.
潰瘍部からMRSAが検出されました. 屋内歩行は自立しています.

医学的リスク

✏️ 感染症の利用者宅を訪問する際にひそむリスクを考えてみましょう.

✏️ 感染症の利用者へ接触する際の注意点を考えてみましょう.

⑮ MRSA 発生！

> **point** ☐ 感染予防に必要なことを考えてみましょう．

❗ 予測されるリスクの例

☐ 訪問スタッフがMRSAキャリアとなり，他の利用者にMRSAを感染させる．
☐ 過剰な感染予防対策により利用者が不快な思いをして，
　利用者との関係が悪化する．

解説

MRSAは皮膚や粘膜に常在し，保菌者への接触により感染します．日和見感染の代表的な病原体であるため，訪問スタッフに顕性感染することは稀です．しかし，高齢者では免疫機能が低下しており，訪問スタッフや使用物品を通して交差感染する可能性があります．そのため，訪問スタッフはMRSA保菌者に接触した前後で手指の手洗いや消毒が欠かせません．また，直接保菌者の肌に触れないためには手袋の着用が有効です．物品を介して感染するので，保菌者に直接使用する物品類の消毒や，保菌者専用の物品使用といった対応も必要になりますし，持ち物を菌で汚染させないために保菌者宅へ持ち込む物を制限しましょう．また，粘膜の菌はくしゃみや咳による飛沫感染を起こす可能性も考えられます．さらにはMRSAが自宅の埃に付着することでの接触感染もありますし，足の潰瘍により保菌者宅の床が血液や浸出液に汚染されている可能性も考えられますので，その点も考慮する必要があります．ただし，過剰な対応は保菌者に不快感を与えることが予測され，訪問スタッフと利用者の関係が悪化してしまう可能性があります．感染予防の対策を実施する場合は，具体的な予防策について主治医に指示を仰ぎましょう．
そして，予防対策の必要性を利用者や家族に説明し，理解を得ることが必要です．

〔具体的行動・対応〕

訪問スタッフは手袋を着用して菌の付着を防止し，訪問前後での手指の手洗いや消毒を必ず行い，他の家に菌を運ばないようにしましょう．保菌者に直接使用する体温計や血圧計，聴診器はアルコールもしくは次亜塩素酸ナトリウムで消毒するか，保菌者専用のものを準備するのがよいでしょうし，持ち物は必要最小限にしておきましょう．飛沫感染の予防には訪問スタッフおよび保菌者のマスク着用が有効です．

床の汚染に関しては保菌者に靴下の着用を依頼し，訪問スタッフは保菌者の自宅のみで使用する予備の靴下を着用しましょう．過剰な対応は保菌者に不快感を生じさせます．対策を講じる際はその必要性を十分に説明して理解を得ましょう．

16 大量の便失禁！

寝たきりの利用者が，下衣，シーツを汚染するほど大量の便失禁をしてしまいました．
主介護者は外出しています．

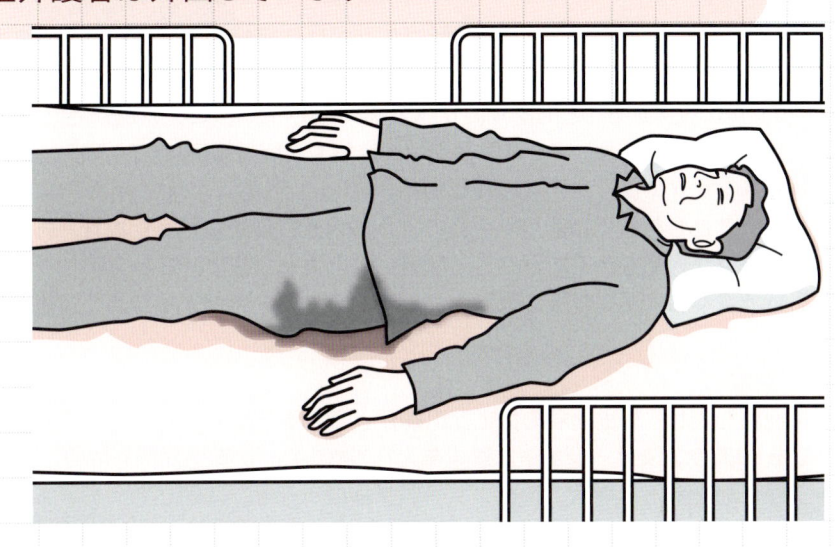

医学的リスク

✎ あなたならどう対応しますか？

✎ どのような対応が望ましいでしょうか？

16 大量の便失禁！

point ☐ リハ実施の可否を含めて，対応を考えてみましょう．

予測されるリスクの例

☐ 便汚染のため，リハが実施できない．
☐ 排泄ケアに不慣れなリハスタッフがケアを行った結果，利用者に不快な思いをさせてしまう．
☐ リハスタッフの衣類に便が付着し，次の利用者への訪問ができなくなってしまう．

解説 医療機関であれば日常の排泄ケアや清潔ケアは看護師や介護士が対応するため，リハスタッフが関与することは少ないでしょう．しかし訪問リハの場面では，今回のように排泄トラブルに遭遇することもあり，リハスタッフが判断を求められる場合があります．

多くの在宅高齢者の日常の排泄ケアや清潔ケアは，家族や訪問看護師，訪問介護士が担っています．そのため，リハスタッフには，ケアに必要な物品（タオル，下着，オムツ等）が自宅のどこに置いてあるかわからないこともあるでしょう．今回のように大量の便失禁だった場合，排泄ケアに慣れていないリハスタッフが適切なケアを行うことは難しいと思われます．リハスタッフが無理をして慣れないケアを行うよりも，便失禁後の清潔ケアができる人材を確保するための連絡・調整役に徹しましょう．

〔具体的行動・対応〕
まずは家族に連絡を入れ，外出からの帰宅が可能かどうかを確認しましょう．家族の帰宅に時間がかかるようであれば，ケアマネージャーに連絡を入れてヘルパーの緊急訪問を依頼しましょう．もし，訪問スタッフが介助を手伝う場合，スタンダードプリコーションに則って，ディスポーザブル手袋を使用し，介助後は手指消毒を実施しましょう．

排泄ケアのための連絡・調整に時間を費やすため，当日のリハ実施は困難となるでしょう．必要であれば，訪問リハを別の日に振り替えるようケアマネージャーと家族に連絡し，日を改めて訪問しましょう．

(2) 治療プログラムに関するリスク

17 ベッドから車いすへの移乗動作

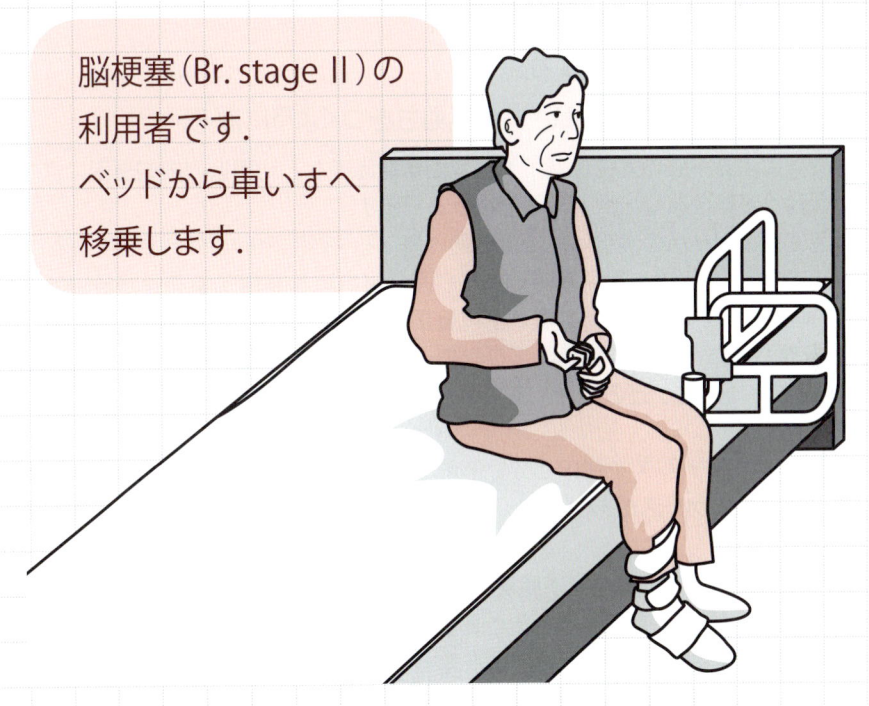

脳梗塞（Br. stage Ⅱ）の利用者です．ベッドから車いすへ移乗します．

医学的リスク

🖉 どのようなリスクが考えられるでしょうか？

🖉 あなたならどのように対応しますか？

17 ベッドから車いすへの移乗動作

point ☐ 医学的側面と自宅環境からリスクを考えてみましょう．

予測されるリスクの例

☐ ベッドから転落する．

☐ 立位時や方向転換時に転倒する．

☐ 着座をコントロールできず，車いすへ尻もちをつくように座る．

解説　片麻痺による下肢の支持性低下や高次脳機能障害など利用者の内的要因により座位や立位の保持が困難となり転倒する可能性があります．
　加えて，訪問リハの場合は，医療機関と異なる「在宅」という外的要因も転倒・転落に関連することがあります．例えば，医療機関ではリハ時に屋内靴を着用することが多いですが，訪問リハは自宅内で運動を実施するため靴を履かずに靴下や装具のまま起立練習や移乗練習を行うことがあります．靴を履かずに，靴下や装具のままフローリングの床の上で立とうとすると足底が滑ることがあります．また，居室が畳の場合，畳の目の向きによっては滑りやすくなることもあるため，留意する必要があります．
　その他に，柔らかいマットレスを使用している際や滑りやすい素材のシーツを使用している場合には端座位から滑り落ちるケースもあります．使用している寝具にも留意しておく必要があります．

〔具体的行動・対応〕
ベッドから転落する原因は，麻痺や高次脳機能障害のため座位保持ができないことや，柔らかいマットレスや滑りやすいシーツを使用していることなどが考えられます．起き上がる前に寝具の素材に危険がないか確認して車いすを準備し，座位をとった後に利用者から目を離す時間を作らないようにしましょう．
立位をとる際には麻痺側下肢の支持性を補助する必要があります．介助者の膝を使用して利用者の膝をロックするか，装具を所有している場合は積極的に利用して麻痺側下肢の支持性を上げる対応が望ましいでしょう．しかし，装具を着用することで滑りやすい環境を作ってしまうこともあります．リハの際に使用する屋内靴を使用すれば安全に移乗できるでしょう．室内で靴を着用することを嫌がる利用者に対しては，滑り止めマットが有効です．
着座の際には，介助により臀部の落下を防ぎましょう．

18 ベッドからの起き上がり動作

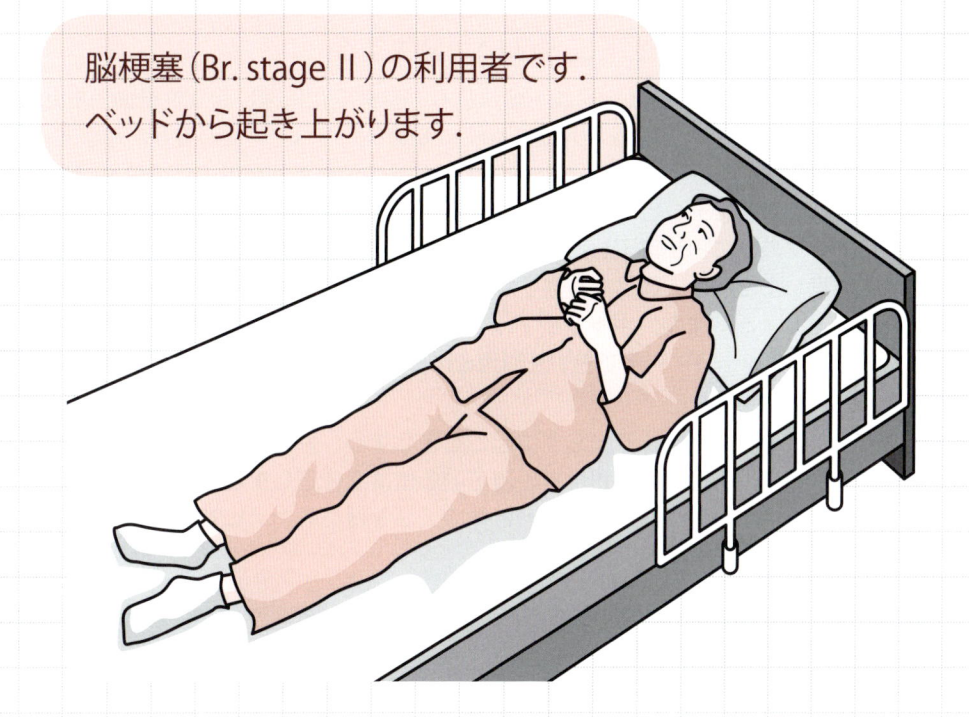

脳梗塞（Br. stage Ⅱ）の利用者です．
ベッドから起き上がります．

医学的リスク

✏️ どのようなリスクが考えられるでしょうか？

✏️ あなたならどのように対応しますか？

18 ベッドからの起き上がり動作

> **point** ☐ 医学的側面と自宅環境からリスクを考えてみましょう．

❗ 予測されるリスクの例

☐ **起き上がり直後に血圧が低下し，めまいが発生する．**

解説 脳血管障害は血圧の自動調節能不全により，姿勢変化に伴い起立性低血圧を起こします．ベッドのギャッジアップを利用し，徐々に姿勢を起こしていく必要があります．ギャッジアップの際に注意したいのは手回り品の位置と利用者の体の位置です．在宅では枕の周りの手が届く範囲にテレビのリモコンやティッシュなど物品を多く置いている利用者がいます．ギャッジアップの際に物が落下し，物品を破損することもあるので，ベッドを使用する場合は物品の配置に留意しましょう．物品を移動させる場合はリハ終了後に元の場所に戻すことを忘れないように注意しましょう．また，ギャッジアップの可動部分と利用者の腰部がずれている場合に，ギャッジアップの効果を十分に利用できず，利用者に不快感を与えることがあります．

〔具体的行動・対応〕
ベッドのギャッジアップを利用して少しずつ起こしましょう．ギャッジアップする前にベッド上の物品が落ちてこないように注意し，利用者の寝ている位置を修正しましょう．ギャッジアップ中に体がベッドの下の方にずれてきたら，ベッドと体のズレを緩めるために背中を少しベッドから浮かせる「背抜き」を行いましょう．

❗ 予測されるリスクの例

☐ **ベッド端座位が保持できず，床に転落する．**

解説 麻痺のため端座位が不安定な可能性があります．姿勢がくずれる方向を予測して，介助する際の立ち位置を決定する必要があります．高次脳機能障害がある場合には，こちらが意図しない動きを利用者が行い，転落する可能性があります．座位バランスが不良な利用者は，あらかじめベッドの高さを調節して端座位の際に足を接地させておかないと，座位保持がより不安定となります．ベッド高を調節する場合はベッドの下の物を挟み込んで破損しないような注意が必要です．

〔具体的行動・対応〕
利用者の足が床に着くようあらかじめベッドの高さを調節しておきましょう．その際はベッド周囲の物品に注意しましょう．倒れやすい麻痺側から介助して起き上がらせた後は，利用者から目を離さないようにしましょう．

19 ベッドからの立ち上がり動作

肺炎を発症し，1週間にわたり臥床傾向が続きました．今日からリハを再開します．ベッドから立ち上がろうとしています．

医学的リスク

🖍 どのようなリスクが考えられるでしょうか？

🖍 あなたなら，どのように対応しますか？

19 ベッドからの立ち上がり動作

> **point** ☐ 長期臥床による医学的リスクを考えてみましょう．

⚠ 予測されるリスクの例

☐ 起立後に起立性低血圧を起こす．
　めまいと動悸を自覚して離床に恐怖心を感じてしまい，再び臥床傾向となってしまう．

解説　長期臥床により起立性低血圧を引き起こす可能性があります．血圧低下に伴い心拍数が増加するために，本人はめまいや動悸を自覚することがあります．これらの自覚症状は利用者の離床に対する意欲を減退させ，早期離床の阻害因子となります．起床や起立の前に下肢の運動を実施するなどして，静脈還流量をあらかじめ増やしておくといった処置が有効です．また起立する前にめまいや動悸が出現する可能性があることを説明しておく必要があります．

〔具体的行動・対応〕
ギャッジアップにより徐々に姿勢を変化させていきましょう．姿勢変換前に下肢の運動により起立性低血圧予防を図ることも有効でしょう．また起立後にめまいなどの症状が出ることをあらかじめ説明しておきましょう．起立はつかまりながら，起立直後はすぐに動き出さないといった指導をしておきましょう．

⚠ 予測されるリスクの例

☐ 立ち上がりのためベッド高を調節する際に，
　ベッド脇に置いてあったごみ箱を巻き込んでしまい，破損してしまった．

解説　立ちやすい高さからの起立をしようとベッドの高さを調節することがリハではよくありますが，在宅では医療機関と違いベッドの周辺に物品が多く置いてある訪問先があります．そのようなお宅でベッドを上下動させる場合には物品破損への留意が必要です．ベッドの下に物を置いている場合やベッドのすぐ横にごみ箱やポータブルトイレが設置されている場合などはベッドの上下動により物品を破損する可能性が高くなります．周辺の環境に留意してベッドを動かすようにしましょう．

〔具体的行動・対応〕
利用者が立ち上がりやすいベッドの高さに調節しましょう．ベッドの下や周辺の物品がないか確認しましょう．

⚠ 予測されるリスクの例

☐ 廃用症候群により下肢筋力が低下しているため，起立直後に膝折れ，
　転倒してしまう．

解説　高齢者は1週間の安静臥床を行うと，筋力が15％低下すると言われています．そのため，一定期間の安静臥床の後に高齢者が立ち上がる際は，下肢筋力低下による膝折れや転倒に対して十分に注意する必要があるでしょう．

〔具体的行動・対応〕
久しぶりに立位をとる際には，訪問スタッフは立ち位置に注意し，監視〜軽介助下で起立するようにしましょう．

20 屋内歩行

パーキンソン病（Yahr stage III）の利用者です．トイレまで歩く様子を確認します．

医学的リスク

✏️ どのような点が問題になると考えられますか？

✏️ あなたならどのような点を評価し，どう対応しますか？

20 屋内歩行

> point
> □ 様々な原因により転倒のリスクが高いため，状況にあわせた対応の指導や環境の評価・調整をあわせて行っていきましょう．
> □ 体調の変動があることや進行性の疾患であることを意識した対応をしていきましょう．

予測されるリスクの例

□ 立ち上がり直後に起立性低血圧を起こし倒れてしまう．

解説 自律神経症状による起立性低血圧を起こすことが考えられます．

〔具体的行動・対応〕
事前に姿勢の変化による血圧の変動を確認しておきましょう．

予測されるリスクの例

□ すくみ足により足が出ず，転倒してしまう．
□ 急いで手すりにつかまろうと，遠くから手を伸ばし，つかみ損ねて転倒してしまう．

解説 小刻み歩行・すくみ足などや姿勢反射障害により転倒の危険性が高くあります．また，歩行の不安定さから，遠方から手すりにつかまろうとしたり，早く椅子に座ろうとしてバランスをくずしてしまう方が多くいます．

〔具体的行動・対応〕
すくみ足が出た時の対処法を助言しておきましょう．また，動線や環境の確認が重要となります．伝い歩きができるか，伝うものが不安定ではないか，方向転換箇所，手すりの設置箇所，足元が整理されているかなどを確認しましょう．廊下・トイレ内は狭いため，すくみ足が出やすいものです．手すりを設置するとよいでしょう．便座の高さは，立ち上がりやすいように高くできるとよいです．夜間の移動も想定して照明の位置も確認しておきましょう．
トイレ動作は方向転換や体を捻る動作など様々な動作を含む複合動作です．歩行だけでなく一連の動作を確認しましょう（椅子からの立ち上がり，歩行，方向転換，ドアの開閉，ズボンの上げ下げ，後始末，水洗レバーの操作など）．

予測されるリスクの例

□ 訪問中は問題なく歩けていたが，後日，薬が効いていない時間帯に転倒してしまう．

解説 日内変動・日間差や薬剤の影響による体調の変動が大きく，活動能力の差が大きいことを考慮しておきましょう．また，進行性の疾患であるため，症状の変化には速やかな対応が必要です．

〔具体的行動・対応〕
薬の効いている時間帯や排泄パターンを把握しておきましょう．そして，状況に応じた移動手段（歩行，四つ這い移動など）を検討しておきましょう．
また，薬剤の変更があった場合の確認も忘れないようにしましょう．薬剤の効き目が悪くなってきた場合などは速やかに主治医へ相談をしていきましょう．

21 階段昇降

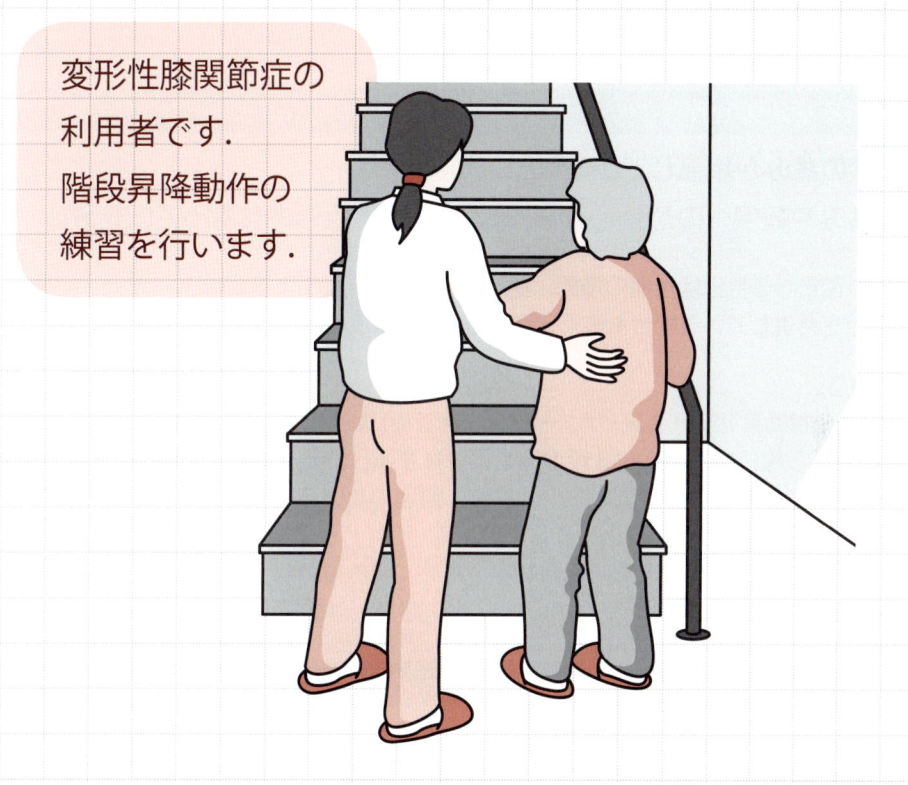

変形性膝関節症の利用者です．階段昇降動作の練習を行います．

医学的リスク

🖊 どんなリスクが隠れていると思いますか？

🖊 あなたなら，どのように対応しますか？

21 階段昇降

point
- ☑ 疼痛や変形の進行を助長しないように関節への負担を減らし慎重に進めていきましょう．
- ☑ 転倒・転落を予測した対応をしていきましょう．

❗ 予測されるリスクの例

- ☐ 練習後に膝の痛みが増悪してしまった．
- ☐ 練習中の痛みや転倒への恐怖心から，練習に対して拒否的になってしまった．

解説 過度な関節への負担は疼痛の増悪，変形の進行を助長してしまいます．また，足関節の変形などを合併している場合も多く，膝以外の疼痛にも注意が必要です．

〔具体的行動・対応〕
環境調整（手すり）や補助具（杖），装具（サポーター，足底板）などを使用して負担を減らしましょう．同時に，低い段差から練習する，2～3段のみの昇降にする，2足1段から開始するなど負担の少ない方法から段階的に練習していきましょう．また，無理のない範囲でアライメントを整え，適切に関節への荷重を促し，負担の軽減を図りましょう．
疼痛は練習時になくても，後で出現する場合も多いため，実施後の状況を確認しましょう．疼痛の出現はモチベーションの低下につながりやすいため，事前に十分に説明しておくことも大切です．

❗ 予測されるリスクの例

- ☐ 練習後に膝の痛みが増悪してしまった．
- ☐ 練習中の痛みや転倒への恐怖心から，練習に対して拒否的になってしまった．
- ☐ 膝折れを起こし，階段から転落してしまった．

解説 変形性膝関節症の方は大腿四頭筋の筋力低下や荷重痛により，下肢の支持性が低下しています．特に階段での転倒は大きな外傷につながりやすいため注意が必要です．

〔具体的行動・対応〕
手すりの使用や転倒方向を予測して介助者の立ち位置を考えていきましょう．
筋力や関節可動域，バランスなどのデータから危険性を予測しておくことが大切です．バランスをくずしやすい方向などを事前に予測して介助者が立ち位置などを考えて介助するべきです．

22 入浴動作

変形性膝関節症の利用者です．浴槽で入浴する練習を行います．

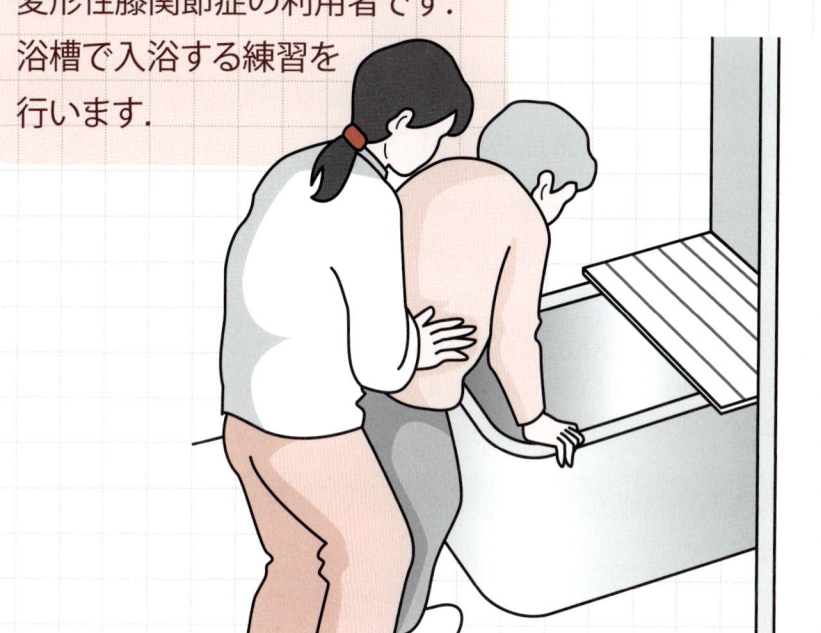

医学的リスク

✏️ どんなリスクが隠れていると思いますか？

✏️ あなたなら，どのように対応しますか？

22 入浴動作

> **point**
> ☐ 疼痛や変形の進行を助長しないように関節への負担を減らし慎重に進めていきましょう．
> ☐ 入浴動作は他のADLや活動と比較して，特異性（関節の運動角度，裸，環境など）が高く，負担や転倒の危険性が高いことを意識して対応をしていきましょう．

予測されるリスクの例

☐ 浴槽に沈み込んだ際に膝の疼痛が増悪してしまう．

解説 浴槽へ沈み込む動作は重心移動が大きいものです（特に縦方向）．そのため，股関節・膝関節を大きく屈曲するので，関節への負担が大きくなります．

〔具体的行動・対応〕
浴槽内に台を置くことで，沈み込んだ際の下肢の屈曲角度が小さくなります．また，体を洗う際の椅子も低いものが多く，膝を大きく曲げてしまいます．立ち上がり時の負担も多いため，シャワーチェアや座面の高い椅子への変更が望ましいです．

予測されるリスクの例

☐ 浴室内での転倒

解説 浴室内は水で濡れていることや，またぎ動作など不安定な動作が多いことから，転倒の危険性が高くなります．

〔具体的行動・対応〕
手すりを設置し，つかまりながらまたぐように指導しましょう．または，浴槽の縁やシャワーボード，シャワーチェアに座って浴槽をまたぐ方法もあります．同様に，入浴に伴う更衣も立位で行うよりは，椅子を用意し座位で行うほうが転倒の危険や関節への負担は少なくなります．

予測されるリスクの例

☐ 浴槽から立ち上がる際に足が滑って溺れそうになる．

解説 下肢機能の低下に加え，浮力により体が浮き上がり，下肢への荷重が不十分であったりバランスをくずしやすかったりします．入浴は溺水など大きな事故につながりやすいため注意が必要です．

〔具体的行動・対応〕
浴槽内の滑り止めマットの使用や立ち上がり用の手すりを設置します．その他，入浴動作は疲労が大きいため，その後の動作に影響が出ないか確認をしましょう．
また，入浴による突然死なども考えられます．呼吸器・心疾患の合併などがある場合は血圧の変化にも注意しましょう．浴室や脱衣所，廊下等の温度差を最小限にする工夫や入浴時間が長くかかるようであれば，お湯の温度等にも注意が必要です．

23 屋外歩行

糖尿病の利用者です．自宅周囲の屋外歩行練習を行います．

医学的リスク

✎ どんなリスクが隠れていると思いますか？

✎ あなたなら，どのように対応しますか？

23 屋外歩行

> **point** ☐ 糖尿病に伴う様々な合併症への医学的管理をしましょう．

予測されるリスクの例

☐ 低血糖症状により，意識障害が引き起こされる．

解説 低血糖症状を十分に把握して対応できるようにしておきましょう．

〔具体的行動・対応〕
低血糖症状が出現したことがあるかどうかの有無を確認します．低血糖になってもあまり症状が現れない人もいるので注意が必要です．特に低血糖発作を経験していない方は，どのような徴候があったら訴えてよいかわからないため，十分に説明をしておきましょう．低血糖症状が出現した場合に対応できるようにブドウ糖の準備をしておきます．使用薬剤（薬剤の作用時間）や日頃の血糖値の変動，食事の摂取状況等も確認しておきましょう．運動の実施時間にも配慮が必要です．

予測されるリスクの例

☐ わずかな段差につまずき転倒してしまう．

解説 易疲労性に加え，糖尿病性神経障害による筋力やバランスの低下，網膜症による視力低下などから転倒の危険性が高くなります．

〔具体的行動・対応〕
徐々に歩行距離をのばしたり，休憩場所を用意したりしましょう．また，運動強度を確認しながら進めましょう（Borg scale で 11「楽である」～ 13「ややきつい」）．環境の評価（道路の幅，段差等）も行っていきましょう．

予測されるリスクの例

☐ 足部の傷に気づかず，感染症を起こしてしまう．

解説 足部の感覚障害があり，足部の病変に自分では気づきにくいことがあります．

〔具体的行動・対応〕
傷の有無や巻き爪，胼胝（タコ）など足部の状態のチェックをしましょう．

24 床からの立ち上がり練習

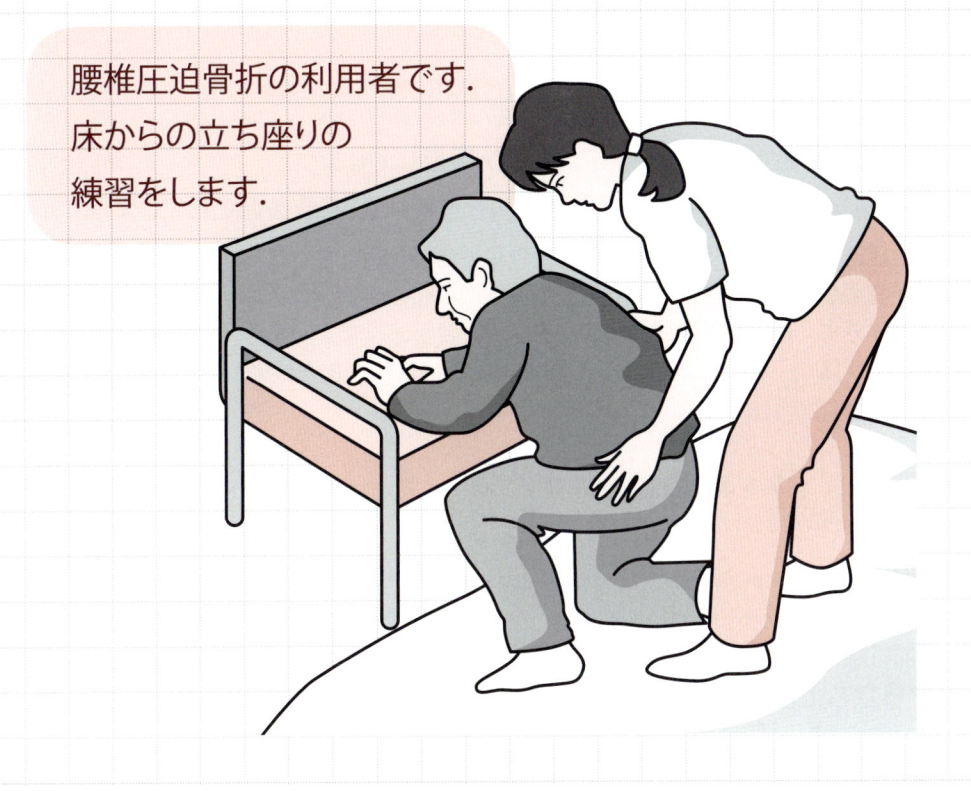

腰椎圧迫骨折の利用者です.
床からの立ち座りの
練習をします.

医学的リスク

✏️ どんなリスクが隠れていると思いますか？

✏️ あなたなら,どのように対応しますか？

24 床からの立ち上がり練習

point
- ☐ 関節・重心の大きな動きを伴うため、関節への負担や転倒を防ぐ対応が必要です．
- ☐ どのような場面で動作が必要になるかを想定しながら練習を行いましょう．

予測されるリスクの例

☐ 立ち上がろうと腰を強く曲げた際に、疼痛が増悪してしまう．

☐ 立ち上がり直後、ふらつき転倒してしまい、圧迫骨折の増悪を起こしてしまう．

解説 腰椎圧迫骨折を起こす高齢者の多くは骨粗鬆症を合併しており、軽度な外力で再骨折の危険が高くなります．床からの立ち上がりは、重心の移動が大きく、関節の運動角度も大きい動作です．過度な体幹屈曲・回旋を防ぐ必要があります．また、圧迫骨折後は円背姿勢が強まり、体幹の可動性・筋力の低下や重心位置の変化により、重心移動が不十分になりやすく転倒の危険があります．

〔具体的行動・対応〕
コルセットを使用し、体幹を固定しておきます．また、最初は台に手をつきながら練習すると安全に行えます．

予測されるリスクの例

☐ 練習中は問題なくできていたため、自立と判断していたが、こたつから立ち上がる際に布団に足を引っ掛け転倒してしまう．

解説 実際の生活場面での床からの立ち上がり動作は、和式生活に伴うものや転倒時などに必要となります．

〔具体的行動・対応〕
まずは練習しやすい平らな安定したなかでの練習でもよいですが、実際はこたつ布団があったり、座布団の上での動作であったり、不安定になりやすい状況です．必ず実生活にそった場所での練習を行いましょう．

25 筋力増強運動

腰椎圧迫骨折の利用者です．リハを今までに受けたことがありません．下肢の筋力増強運動を行います．

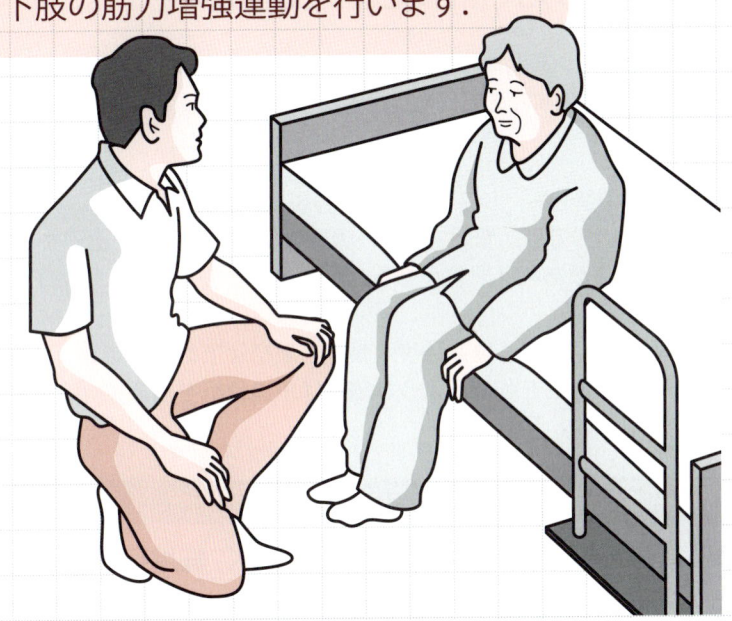

医学的リスク

🖉 どのような問題が起こると予測されますか？

🖉 あなたなら，どのように対応しますか？

25 筋力増強運動

point
- ☐ 十分なオリエンテーションを行いましょう．
- ☐ 訪問時間以外の生活を把握し注意点を説明しておきましょう．
- ☐ 再骨折（圧迫の進行）による症状・状態の変化を見逃さないようにしましょう．

予測されるリスクの例

☐ 疼痛の出現によりリハに対して拒否的となってしまう．

解説 運動時の疼痛の増悪や運動後の痛み（筋肉痛など）が出現する場合があります．疼痛の出現は，さらに状態が悪化するのではないかという不安感や意欲への低下につながります．

〔具体的行動・対応〕
現在の問題点，目標，練習の進め方，リスクなどを十分に説明してから実施していきましょう．
特にリハや運動経験が少ない方では，開始初期は，運動後に筋肉痛などが出現する場合が多いため，どのような・どの程度の疼痛があれば問題があるのかなどを実施前・中・後に十分に説明していきましょう．
運動は過度な負担をかけないように，運動強度・頻度を最初は低めに設定し，漸増的に負荷を強めていくとよいでしょう．体幹屈曲を強めるような練習は圧迫骨折を増悪させる危険が高いため，コルセットを着用して実施しましょう．

予測されるリスクの例

☐ 訪問時の運動は積極的だが，他の時間は臥床が多く，廃用症候群が進行してしまう．
☐ 自主練習中にベッドから転落し再骨折を起こす．

解説 受傷直後は安静による廃用症候群（筋力低下，起立性低血圧など）を起こす危険が高く，さらに心身機能の改善に伴い活動量が増えたり，移乗や立位などが生活に取り込まれるため，骨折部に負担がかかる場面や転倒・転落の危険が増えていきます．

〔具体的行動・対応〕
訪問時間以外の生活スタイルを把握し，自主練習の助言や離床を促したり，生活上の注意点を助言していきます．特に起居動作は疼痛を伴いやすいため，早期から動作への助言をしておきましょう．

予測されるリスクの例

☐ 再骨折に気づかず運動を進めてしまい状態を悪化させてしまう．

解説 日常的な評価により，状態の変化にいち早く対応していきましょう．

〔具体的行動・対応〕
疼痛の増悪，体幹の変形の増強（円背・側弯），神経症状（運動麻痺，感覚障害，膀胱直腸障害など）の出現に注意しましょう．そのような症状があれば直ちに運動を終了します．特に神経症状が出ている場合は，すぐに救急搬送が必要です．また，訪問時間以外でもそれらの症状が出現した場合は受診の必要性があることを説明しておきましょう．

（3）訪問リハの方針を決める際のリスク

26 下肢装具を処方する

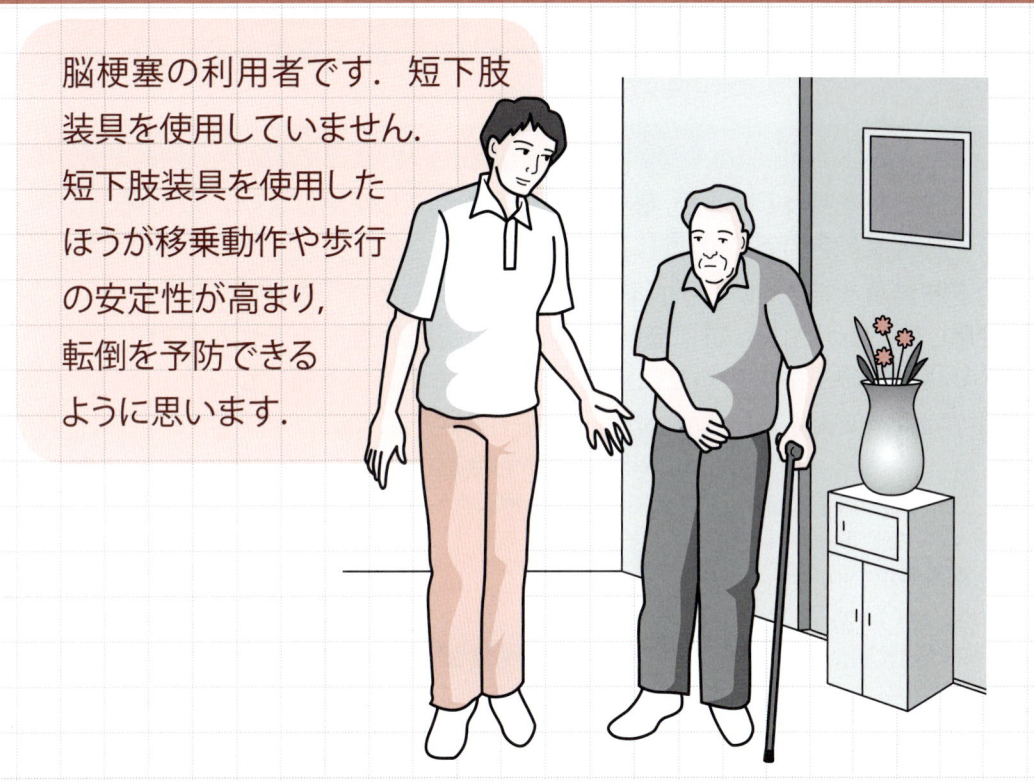

脳梗塞の利用者です．短下肢装具を使用していません．短下肢装具を使用したほうが移乗動作や歩行の安定性が高まり，転倒を予防できるように思います．

医学的リスク

✏️ 短下肢装具の使用を提案する際，考慮することは何ですか？

✏️ あなたなら，どのように対応しますか？

26 下肢装具を処方する

> **point**
> ☐ なぜ，短下肢装具を使用していないかを考えましょう．
> ☐ 「装具」に対する本人や家族の考え方，イメージ（印象）を
>   くみ取りましょう．
> ☐ 短下肢装具を使用することが利用者の日常生活に
>   どのような影響（メリット・デメリット）があるかを考えましょう．

❗ 予測されるリスクの例

☐ 短下肢装具を持っているが，破損や不適合を起こし使用しなくなっている．
　短下肢装具の再作成が必要になる．

☐ 短下肢装具を持っているが，「着脱が面倒である」という理由で
　使用しなくなっている．短下肢装具の着脱が困難な理由をアセスメントし，
　その利用者の生活に合わせた短下肢装具の活用方法を考える．

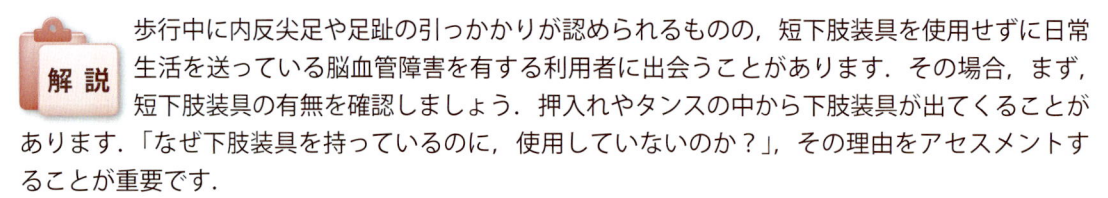

解説　歩行中に内反尖足や足趾の引っかかりが認められるものの，短下肢装具を使用せずに日常生活を送っている脳血管障害を有する利用者に出会うことがあります．その場合，まず，短下肢装具の有無を確認しましょう．押入れやタンスの中から下肢装具が出てくることがあります．「なぜ下肢装具を持っているのに，使用していないのか？」，その理由をアセスメントすることが重要です．

〔具体的行動・対応〕
率直に利用者に質問し，使用しない理由を明らかにしましょう．下肢装具の故障が原因で使用できなくなっていることがあります．また，下肢装具を作成してから長い年月が経過している場合，装着に伴う疼痛やアライメント不良など不適合を起こし，使用できなくなっている場合もあります．一方，下肢装具自体に故障はなくても，着脱の手間を理由に下肢装具を使用していないこともあります．利用者がどのような時に装具を必要とし，どのような手順・姿勢・場所で装具を装着しているかを確認し，その利用者の生活に合わせた効果的な下肢装具の活用方法を考えましょう．

❗ 予測されるリスクの例

☐ 今までに短下肢装具を処方されたことがない．
　下肢装具を使用することのメリット・デメリット，利用者の日常生活に
　どのような影響があるかを説明し，短下肢装具の作成を勧める．

☐ 短下肢装具を使用することに対して拒否感が強く，
　短下肢装具の導入にいたらない．

解説　下肢装具を処方された経験がない利用者に対して下肢装具の説明をすると，時として「下肢装具をすれば元通り（病前のよう）に歩けるようになるかもしれない」と過剰な期待を抱く場合があります．下肢装具のメリット・デメリット，日常生活に与える影響を正確に説明する必要があります．逆に，装具の存在を知っていても，装具を病気や障害の象徴として捉え，周囲（ご近所さんなど）の目を気にし，使用を拒否する利用者もいます．

〔具体的行動・対応〕
下肢装具導入の理由やそのメリット・デメリットを利用者本人，そして，キーパーソンに説明しましょう．可能であればケアマネージャーにも説明に同席してもらいましょう．説明の内容は，書類として提示したほうが誤解が少ないでしょう．

27 寝具はベッド？ 布団？

寝具として布団を使用している利用者です．布団からの立ち上がり動作は，どこかにつかまれば可能ですが，大変そうです．寝具を布団からベッドに変更したほうが安全に思われます．しかし，本人はベッドを使用することに消極的です．

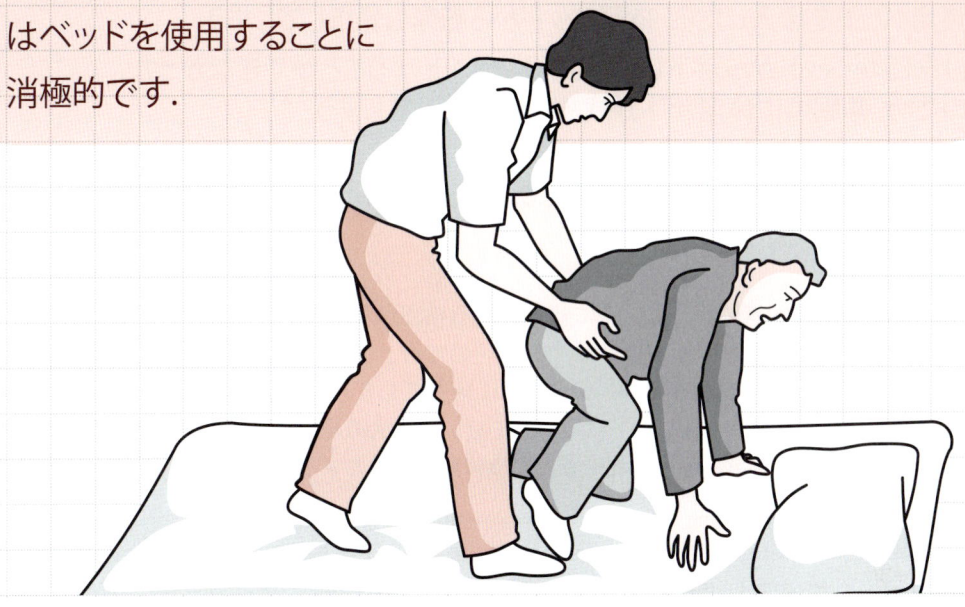

医学的リスク

✏️ 介護用ベッドの導入に伴い，起こる可能性がある問題は何でしょうか？

✏️ あなたは，この問題に対してどのように対応しますか？

27 寝具はベッド？ 布団？

point
- ☐ 介護用ベッドを導入するメリットとデメリットを利用者に十分に説明しましょう．
- ☐ 介護用ベッドを導入することで，利用者や家族の生活に支障がないか確認しましょう．
- ☐ ベッド導入の最終判断は，利用者と家族に委ねましょう．

❗ 予測されるリスクの例

- ☐ 介護用ベッドを導入したら，夜間ベッドから転落し骨折してしまう．
- ☐ 掛け布団がベッドから落下し，利用者が拾い上げることができなかった．そのため，睡眠中に体温が下がり，体調をくずしてしまう．

解説 介護用ベッドが布団より使いやすく安全とは限りません．

〔具体的行動・対応〕

運動機能が低下した高齢者にとって，床に敷いてある布団から立ち上がるよりも，ある程度の高さがある介護用ベッドから立ち上がるほうが，動作を楽に行うことができます．その反面，ベッドから転落してしまう，また，掛け布団がベッドの下に落ちてしまった場合それを拾い上げるという新たな危険性が発生します．特に，ベッドに慣れていない高齢者の場合は注意が必要です．介護用ベッドを導入するメリットとデメリットを利用者と家族に説明しましょう．

❗ 予測されるリスクの例

- ☐ 介護用ベッドを導入しようとした部屋は客間であり，客間に常時ベッドを置くことはできないと反対されてしまう．
- ☐ 介護用ベッドの導入を提案したが，布団で寝ることが昔からの習慣でありベッドでは落ち着いて眠れないとの理由で，ベッドの導入は拒否されてしまう．
- ☐ 自宅内にベッドを置くスペースがなく，ベッドの導入ができない．

解説 リハスタッフの判断だけでは導入を決められません．

〔具体的行動・対応〕

リハスタッフは利用者の生活状況を第一に考えて様々な提案を行いますが，利用者以外の家族の生活や都合にも思いを巡らせる必要があります．利用者自身も「家族に迷惑をかけるなら，導入しないほうがいい」と考えるかもしれません．何らかの福祉用具の導入をリハスタッフが提案したとしても，様々な理由でその提案が受け入れられないこともあることを十分に理解しておく必要があるでしょう．リハスタッフの提案に賛同するか否かを判断するのは利用者やその家族です．提案を無理強いすることは，利用者との関係を悪くする可能性があり避けたほうがよいでしょう．リハスタッフの提案を受け入れてもらえない場合は，時間をおいて改めて提案を行うなどの柔軟な対応が望ましいでしょう．例えば，介護用ベッドの導入のメリットとデメリットを説明し，それでも様々な理由で介護用ベッド導入に同意が得られない場合は，「ベッドが必要だと思ったら，いつでも声をかけてくださいね」と伝えるとよいのではないでしょうか．

28 「運動はやりたくない」と言われたら…?

利用者は「運動はやりたくない」とおっしゃっています．
しかし，利用者の家族やケアマネージャーは
訪問リハでの運動療法が必要だと
考えています．

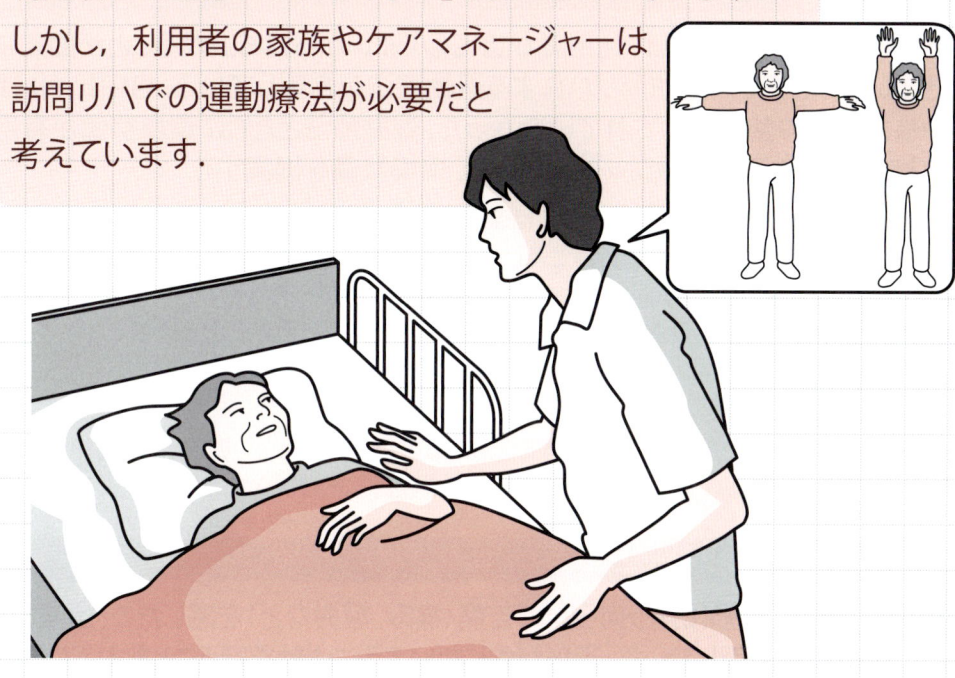

医学的リスク

✏️ なぜ，利用者は「運動をやりたくない」のでしょう?
また，なぜ家族とケアマネージャーは「運動（療法）が必要だ」と考えるのでしょう?

✏️ あなたなら，どう考え，どう対応しますか?

057

28 「運動はやりたくない」と言われたら…?

> **point** ☑ 利用者・家族・ケアマネージャーの意見の裏にあるものを考えましょう.

⚠ 予測されるリスクの例

☐ 家族やケアマネージャーは,利用者が自宅のトイレから立ち上がることが困難になってきていることを心配し訪問リハによる運動療法を希望している.自宅トイレは手すりや福祉用具の整備がなされていなかった.運動療法とともに環境整備が有用であることを家族とケアマネージャーに説明し,環境整備を提案する.

解説 要介護認定を受けた利用者の多くは運動機能が低下しています.ただ,利用者の生活上の問題を解決する手段は,運動療法だけではありません.「足腰が弱ってきたのでリハが必要」という理由で訪問リハが開始されることが多いですが,そもそも,利用者の生活上の問題点を解決する手段として,運動療法が最適な方法なのかをよく考えることが必要です.運動療法と並行して環境整備などのアプローチを行うことで効果的な介入が可能となります.

〔具体的行動・対応〕
家族やケアマネージャーから「なぜ運動が必要と感じるのか」,「生活上の問題点は何か?」を聴取しましょう.そして,運動療法以外のアプローチの可能性を検討しましょう.

⚠ 予測されるリスクの例

☐ 利用者は過去に運動に伴う何らかの苦痛(痛み,疲労など)を感じたことがあり,そのため運動を拒否している.苦痛が生じないように運動を行うことを本人に説明する.

解説 過去に運動療法を受け,その際に何らかの苦痛が生じた場合,運動療法に対するコンプライアンスが低下する可能性があります.

〔具体的行動・対応〕
どのような運動を行った時に,どのような苦痛が生じたのかを聴取しましょう.過負荷により苦痛が生じたと考えられる場合,負荷を軽くすれば苦痛がおこりにくいことを説明しましょう.そして,運動療法の導入時は軽い負荷を設定する必要があるでしょう.

⚠ 予測されるリスクの例

☐ 利用者は運動機能が低下している自覚がなく,そのため運動を拒否している.運動機能低下の有無を利用者にもわかるように説明する.

解説 リハを一度も受けたことがない利用者のなかには,自分の運動機能を正確に把握していないこともあります.その場合,「自分はまだまだ元気である.なぜ体操(運動療法)を行う必要があるのか?」と考え,運動療法に対するコンプライアンスが低下している場合があります.

〔具体的行動・対応〕
運動療法の必要性(適応)があるかを判断し,その必要性をわかりやすく説明することも訪問リハスタッフには求められます.運動機能の把握が不十分な利用者に対しては,客観的な数値で測定できる体力測定などを行い,運動機能の低下の有無を明示することが必要でしょう.

29 利用者と家族の希望が異なっている

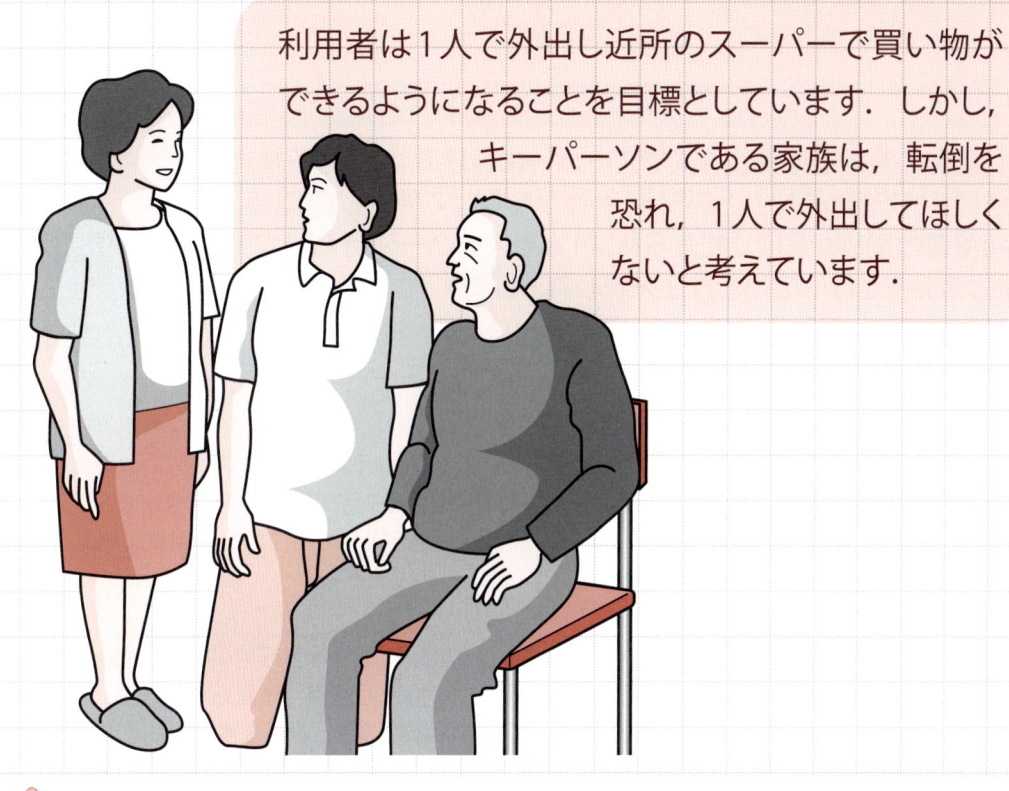

利用者は1人で外出し近所のスーパーで買い物ができるようになることを目標としています．しかし，キーパーソンである家族は，転倒を恐れ，1人で外出してほしくないと考えています．

医学的リスク

✎ あなたならどのように対応しますか？

✎ あなたが選択した対応に伴い，発生する可能性がある問題は何でしょうか？

29 利用者と家族の希望が異なっている

point
- ☐ 第三者の立場から，中立的かつ客観的な助言を行いましょう．
- ☐ 利用者と家族の両方の意見に耳を傾け，両者にとって受け入れられる妥協案を模索しましょう．

予測されるリスクの例

☐ 利用者の意向を優先し，1人でスーパーに行けるようになる練習を訪問リハで行っていたところ，利用者が転倒して骨折してしまう．利用者の家族からは，「だから私は1人でスーパーに行くことに反対していたんだ．どう責任をとるんだ？」と責任を問われてしまう．

☐ 家族の意向を優先し，スーパーへの外出は1人で行わない方針を立てたところ，利用者は訪問リハを継続する意欲を失ってしまう．

解説

訪問リハの目的は「その人らしい生活の再建」にあり，利用者の希望を尊重することが重要です．しかし，利用者の希望を達成するにあたり，転倒などのリスクが生じることがあります．その結果，利用者の希望と家族の希望（心配）が対立することがあります．リハスタッフが，どちらか一方の立場に偏った意見をもつとトラブルを招く可能性があります．第三者の立場から，中立的かつ客観的な助言を行いましょう．

〔具体的行動・対応〕
まず，動作の安全性や効率性，実行性などを考慮し，自立した屋外歩行の可否を評価しましょう．そして，屋外歩行の可否について，第三者の立場から利用者と家族に意見を伝えましょう．次に，訪問リハスタッフの判断をもとに，両者が納得できる妥協案（落とし所）を考えましょう．一方の意見に偏った妥協案だと，他方は不満が募ります．また転倒などのトラブルが発生した時には，不満を抱いている方から責任を問われることもあります．今回の例題については，例えば，「スーパーへの道中は坂や不整地があり1人で歩行することは転倒リスクが高いため，家族の監視があったほうが安全であると思います．ただ，スーパー内は地面が平らであり，買い物かごを支えとして歩けば安全であるので，1人で店内を歩き買い物を楽しんでいただいても大丈夫だと思いますよ」などの妥協案が考えられます．

また，訪問リハスタッフと利用者，家族のなかだけで問題解決を図ろうとすると，どちらか一方に偏った方針に決定してしまう可能性があります．担当者会議などを活用し，ケアマネージャーなど他のサービス関係者の意見もふまえて検討しましょう．幅広い立場から意見を集め検討することで，両者が納得できる妥協案（落とし所）に辿りつくことができるかもしれません．

30 主介護者である息子は不在がち…

寝たきりの高齢女性で，息子夫婦が介護を行っています．主介護者は息子であり，介護の方針は主に息子が決めています．介護方法の指導と拘縮予防を目的に訪問リハを行っています．主介護者である息子は訪問時に私用のために不在のことが多く，お嫁さんが主に訪問スタッフの対応をしてくれます．

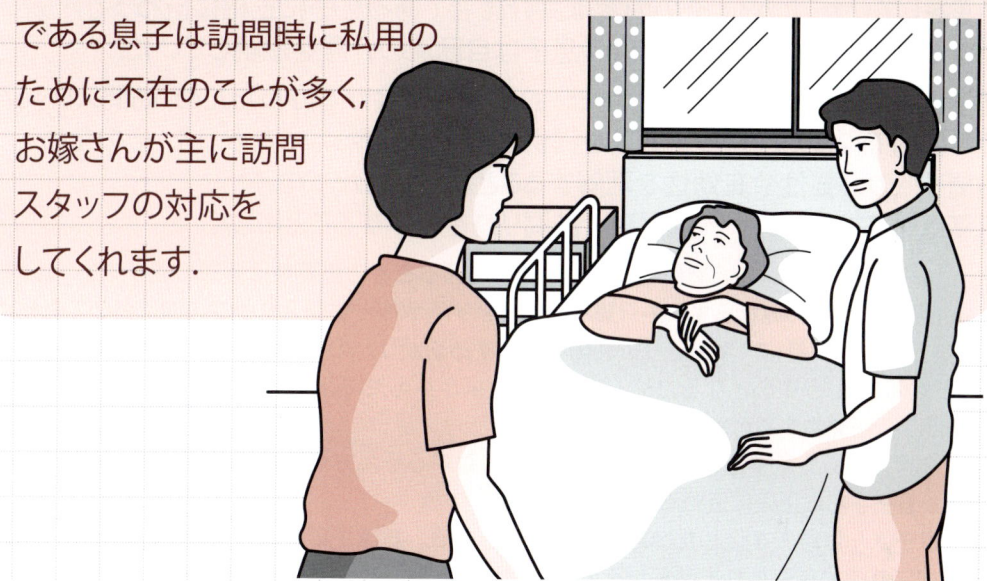

✏️ どんなトラブルが想定されますか？

✏️ あなたなら，どのように対応しますか？

30 主介護者である息子は不在がち…

point
- ☑ お嫁さんが息子の「代理」として，訪問スタッフと対応することができるのかを見極めましょう．
- ☑ 主介護者である息子が不在なことが多いとしても，息子とコミュニケーションを図り連携する努力をしましょう．

予測されるリスクの例

☐ 訪問スタッフは，お嫁さんに対して介護方法の指導や健康管理の方法などについて助言をしていた．しかし，その内容は主介護者である息子に正確に伝わっていなかった．そのため，主介護者の息子は自己流の介護を継続していた．

☐ 息子は訪問スタッフとコミュニケーションをとる機会がなかったため，訪問スタッフが何の目的で，どのようなサービスを提供しているのかわからなかった．そのため，訪問リハの必要性や有効性を理解することができなかった．
息子はケアマネージャーと相談し，訪問リハを終了することにした．

解説

訪問リハにおいて，関係者が綿密な連携を図ることの重要性は周知の通りです．連携は，専門職種間のみならず，主介護者を中心とする家族と訪問スタッフの間においても極めて重要です．特に，寝たきりの利用者に対する訪問リハの場合，訪問リハの内容は家族への「指導」や「情報提供」が中心となるため，家族との連携が不可欠になります．連携が不十分な場合は，思わぬトラブルが発生する可能性があります．

まず，主介護者である息子とお嫁さんの間で介護に対する考え方や意向が統一され，お嫁さんに伝えたことが息子さんに正確に伝わるのかを見極めましょう．

例えば，息子さんは離床を促したいと考えている一方で，お嫁さんは介護負担が増大することを懸念して離床に消極的かもしれません．そのような場合，訪問スタッフが離床を促す方法をいくらお嫁さんに助言しても，息子に正確に伝わらない可能性があります．

また，息子は自分の母親の介護方法や介護方針について忌憚のない意見を言えるかもしれません．一方，嫁-姑の関係にあるお嫁さんは，姑に対する遠慮や配慮があり，言葉を濁したり曖昧な対応をする可能性があります．すると，お嫁さんを介した息子さんとの情報共有は誤解を生む可能性があります．

これらの問題が生じている場合，訪問スタッフは自分の役割（家族への介護方法の指導や情報提供）を果たしているつもりでいても，主介護者である息子はその利益を享受していないかもしれません．すると，訪問リハを継続する動機は弱くなり，訪問リハを終了することになるかもしれません．

〔具体的行動・対応〕
息子とお嫁さんの間で意見統一が図られているか，また，お嫁さんと姑である利用者の人間関係を見極めましょう．お嫁さんを介した息子との連携に限界があると判断された場合，訪問スタッフは訪問時間以外の機会を見つけて，息子に電話をして直接意見交換を行うようにしましょう．

31 認知症利用者の離床を進めたい

認知症と廃用性の身体機能低下により，主にベッド上で生活している利用者です．離床を促すためケアマネージャーから訪問リハの依頼がありました．

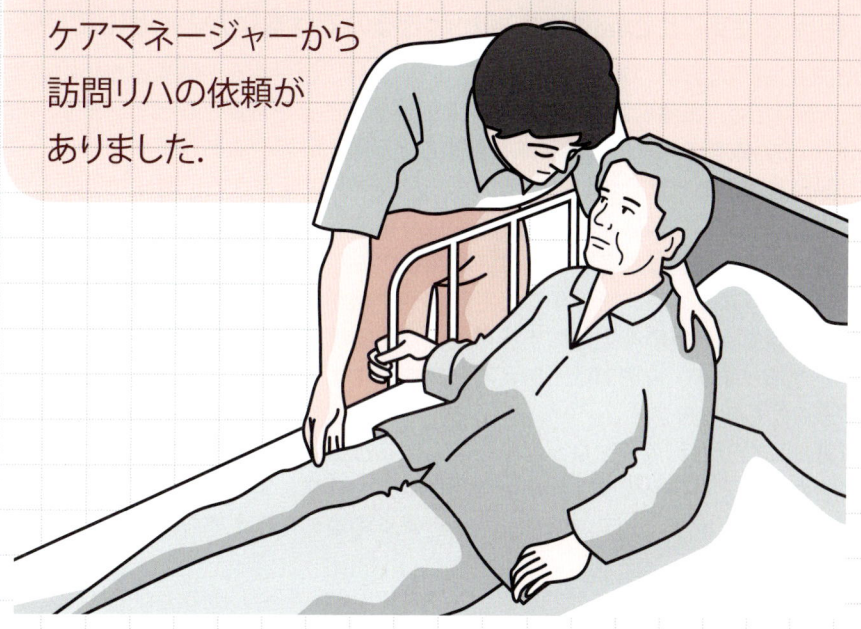

医学的リスク

🖍 どのようなリスクが考えられますか？

🖍 認知症高齢者の離床を進める際に注意する点を考えてみましょう．

31 認知症利用者の離床を進めたい

point
- 臥床中心の利用者を離床させる際の医学的問題を考えてみましょう．
- 離床を促す際にはご家族やケアマネージャーなど関係者の意向を確認して，進めていきましょう．

予測されるリスクの例

☐ 家族は，離床を促すことで転倒や徘徊が起きるのではないかと心配している．

解説
「離床」は廃用症候群や褥瘡，肺炎など「臥床」に伴う合併症を予防するために必要なことです．そのため，医療者にとっては離床を促進することが常識となっています．しかし，訪問リハの対象者のなかには，離床を促すことが難しい場合もあります．

医療機関や高齢者施設であれば介護にあたるスタッフが十分に配置され，離床を進めることが可能な環境にあります．しかし，家族がケアの中心を担う在宅では，離床により家族の介護負担が増大する可能性があります．訪問リハスタッフは，利用者のみならず，介護する家族の健康状態や負担も考慮する必要があります．離床を促すことで転倒や徘徊が増加し，介護にあたる家族の負担が増大してしまい，介護生活の継続を困難にする可能性がある場合，必ずしも離床が正しい選択とは言い切れないことがあります．自宅では，あえて離床を促さず，通所サービスを利用して離床を促す方針を選択することもあります．

在宅の場合は離床にひそむ利点・欠点がありますし，家族が介護負担の増加を嫌がっているという本音を表出できないこともあります．利用者の健康状態も非常に重要ですが，家族の介護力など生活背景を考慮し，本人，家族，ケアマネージャーとよく相談したうえでリハの目標やゴール設定を行いましょう．

〔具体的行動・対応〕
離床の効果と，離床にあたって顕在化する問題点を整理しましょう．家族やケアマネージャーと離床の効果および問題点を話し合ったうえで，介入方針を決定しましょう．

予測されるリスクの例

☐ 起き上がらせた際に起立性低血圧を起こし，めまいが発生する．
　めまいが不快刺激となり，その後のリハに拒否的となる．

解説
起立性低血圧によるめまいなどの不快刺激がBPSD（行動，心理症状）の出現につながることもあります．BPSDは，家族の介護負担を増加させたり，リハ実施を阻害する可能性があります．

〔具体的行動・対応〕
ベッドのギャッジ機能を使用して徐々に頭の位置を上げていき，めまいや動悸といった症状の出現を極力抑えるようにしましょう．

32 ポータブルトイレの導入を阻む壁

歩行が不安定となり，トイレまで歩行していくことが困難になった利用者です．ポータブルトイレ（Pトイレ）を使用することを提案しましたが，利用者，家族ともにPトイレの使用に消極的です．

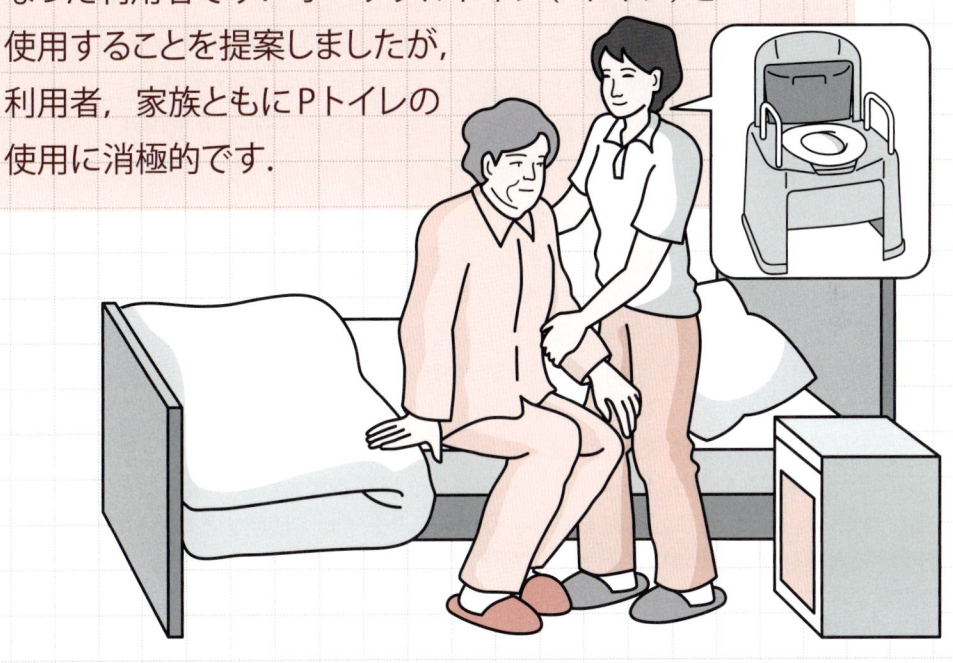

医学的リスク

✎ なぜ，利用者と本人はPトイレを導入することに消極的なのでしょうか？

✎ あなたなら，どう考え，どう対応しますか？

32 ポータブルトイレの導入を阻む壁

> **point**
> ☐ Pトイレを使用することは，本人や家族にとって
>   どういう意味があるかを考えましょう．

❗ 予測されるリスクの例

☐ 利用者本人は，Pトイレの使用に伴う臭いを気にするため，
　Pトイレの利用に消極的である．そのため，消臭効果がある消臭液を紹介する．

☐ 家族は，Pトイレの置き場が新たに必要となり，家族や利用者の生活に
　支障をきたすことを気にしている．家族や利用者の生活状況を聴取し，
　どの場所にPトイレを設置すれば支障をきたさないかを一緒に検討する．

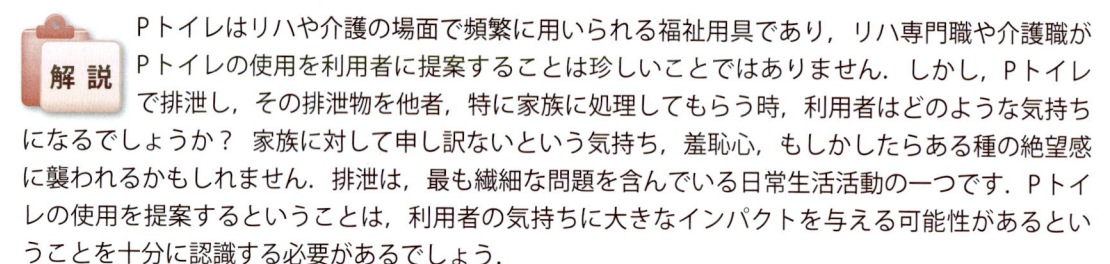

解説

　Pトイレはリハや介護の場面で頻繁に用いられる福祉用具であり，リハ専門職や介護職がPトイレの使用を利用者に提案することは珍しいことではありません．しかし，Pトイレで排泄し，その排泄物を他者，特に家族に処理してもらう時，利用者はどのような気持ちになるでしょうか？　家族に対して申し訳ないという気持ち，羞恥心，もしかしたらある種の絶望感に襲われるかもしれません．排泄は，最も繊細な問題を含んでいる日常生活活動の一つです．Pトイレの使用を提案するということは，利用者の気持ちに大きなインパクトを与える可能性があるということを十分に認識する必要があるでしょう．

　Pトイレの導入に消極的な理由は様々です．利用者の立場から考えれば，清掃などで家族に迷惑をかける，臭いが気になるということもあるでしょう．また，Pトイレを使用すること自体に抵抗感が強く，転倒する危険を冒してでも，歩いてトイレに行き，トイレで排泄したいと考えることもあるでしょう．家族の立場から考えれば，Pトイレを新たに設置することが家族や利用者の生活に支障をきたすため利用に消極的なのかもしれません．Pトイレを使用しない時の保管場所も考える必要があります．また，利用者本人が使用したくないと考えている場合，「本人が嫌がっている物を無理やり利用させたくない」と思うのが家族の本音かもしれません．

〔具体的行動・対応〕

　Pトイレの使用に消極的な理由を利用者と家族から聴取しましょう．その理由一つ一つへの対策を考え，Pトイレの導入を阻む壁を取り除きましょう．ただ，再三の提案・説明に関わらず，本人がPトイレの利用にどうしても消極的でトイレでの排泄を希望する場合は，「できるだけトイレで安全に排泄できる方法を一緒に考える」方向へ方針転換する柔軟な発想も必要でしょう．

33 癌のターミナルの利用者から依頼がありました

主治医から「余命3カ月」と告知されている利用者です．著明な神経症状はありませんが，ベッドから立ち上がることに介助が必要です．本人は「トイレまで一人で歩いていきたい」と希望しています．

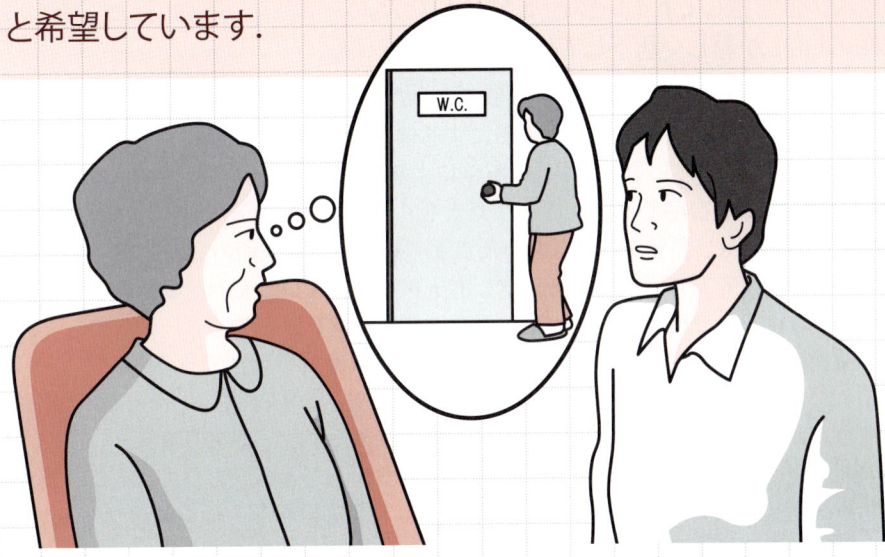

医学的リスク

🖍 どのようなリスクがひそんでいるでしょうか？

🖍 リスクの発生をどのように予防しますか？

33 癌のターミナルの利用者から依頼がありました

point
- ☐ 利用者の希望を叶える場合にひそむリスクを考えてみましょう．
- ☐ 利用者の希望を叶えなかった場合にひそむリスクを考えてみましょう．

予測されるリスクの例

☐ トイレへ向かう途中で転倒して入院加療となり，自宅で最期を迎えられなくなる．
☐ 転倒リスクを考慮してトイレ歩行を禁止したため，終末期のQOLが著しく低下してしまう．

解説

　癌はタンパク質の異化が進み筋力低下をきたすほか，食欲低下，活動量低下などにより運動機能が低下します．さらに悪液質による倦怠感や浮腫により転倒リスクは高くなります．加えて，骨に転移している場合は転倒による骨折リスクが非常に高くなるため，転倒を起こした場合には終末期を自宅で過ごすことができなくなる可能性があります．一方で，トイレまでの歩行を禁止した場合は，希望を叶えなかったことで利用者の終末期のQOLは低下してしまいます．整形疾患や脳血管障害であれば安全面を考慮しポータブルトイレの使用を勧める場合がありますが，ターミナルの場合は安全を確保したなかで利用者の自己決定を優先するケースが少なくありません．癌の場合，症状により起居や起立が困難でも起立してしまえば歩行ができるというケースも少なくありませんし，まずは実際の動作がどの程度のレベルであるかを確認したうえで，動作方法や補助具選定を進め，安全を確保してトイレまで行くことができるよう，動線の確保（ベッドとトイレの位置，伝い歩きができる環境など）を本人，家族，ケアマネージャーと相談のうえで行う必要があります．癌ターミナルの利用者に対する訪問リハとしては，自宅で最期を迎えるためのサポートという役割が大きなものとなります．利用者が医療機関ではなく自宅での最期を選択したということは，自己決定が尊重される場を選択したということです．可能な限り，利用者の意思を反映できる方法を検討することが望ましいでしょう．

〔具体的行動・対応〕
ベッドからトイレまでの動線（距離，つかまるところ，段差など障害物）の確認を行いましょう．必要であれば手すりの追加やベッドなど配置の変更を行い，トイレまで行くことができる環境を整えましょう．

II 接遇に関するリスク

II. 接遇に関するリスク

訪問リハでは,利用者と良好な関係を築きたいものです.
基本的なマナーとともに,不測の事態にも対処できる力をみにつけましょう.

34 呼び鈴をならしても出てこない独居の利用者

約束の時間に訪問し，玄関先で呼び鈴をならしても応答がありません．玄関の鍵は閉まっています．

接遇に関するリスク

✏️ どんなトラブルが予想されますか？

✏️ 予想されるトラブルにどう対応しますか？

34 呼び鈴をならしても出てこない独居の利用者

> **point** ☐ 利用者が緊急事態の可能性があります！

予測されるリスクの例

☐ 利用者が転倒や疾患の急変によって，応答ができない状況となっている可能性がある．

解説 呼び鈴をならしても応答がない場合，一般的には「不在である」と判断するでしょう．しかし，高齢者を対象とする訪問スタッフは，さらに一歩踏み込んで，あらゆる可能性を想定し対応しましょう．

昨今の報道では，高齢者の孤独死といった痛ましい事件を耳にすることがあります．訪問スタッフは，このようなトラブルに関わる可能性があります．つまり，自宅内で利用者に緊急事態（体調の急変）が発生し，そのために出てこられない可能性があります．

〔具体的行動・対応〕
絶対に行ってはいけない行動は，「不在」と独断し，だれにも報告せずに引き返してしまうことです．緊急事態の発見を遅らせ，取り返しが付かない結果を招く可能性があります．

訪問スタッフは，一人で判断せずに，関係者（ケアマネージャー，利用者のご家族等）に連絡をとり現状を報告し，対応を検討しましょう．家族から「今日は外来通院している」など実際に不在であることが確認できる場合もあります．郵便物や新聞がポストにたまっているなどの異常も同時に認められ，「家の中を確認する必要あり」と判断された場合は，訪問スタッフでは開錠などに対応できないこともあるので，利用者の家族に対応を依頼しましょう．

予測されるリスクの例

☐ 難聴の利用者で，呼び鈴が聞こえていない．
☐ 呼び鈴が壊れており，利用者が気づいていない可能性がある．

解説 利用者の個人的要因や外的要因により，呼び鈴に気づかないに場合も想定されます．普段の訪問で，利用者の身体状況（難聴の有無）や生活環境（ドアホンの故障の有無）を訪問スタッフが把握しておくことも重要です．

〔具体的行動・対応〕
利用者に電話をしてみたり，ドアを直接ノックしてみましょう．ドアホン以外の音で気が付くかもしれません．また，玄関以外にも，ベランダや裏口など他の出入り口がある場合は，そちらを確認してみましょう．意外と玄関以外の出入り口が開いていることがあります．

35 | 10分の遅刻

> 約束の訪問時間に10分くらい遅れそうです．

接遇に関するリスク

✏️ どのようなトラブルが予想されますか？

✏️ どのような対応が適切でしょうか？

35 10分の遅刻

> **point** ☐ 少しの時間の遅刻でも利用者にストレスを与えてしまう可能性があります．

❗ 予測されるリスクの例

☐ 予定している訪問時間に担当者が訪問しないことで，利用者が「遅い」と不満を感じたり，「移動中に何か事故にでもあったのではないか」と不安を与えてしまうことになる．

☐ 予定している訪問時間の遅刻が継続すると利用者・ご家族が担当者に対して不信感を抱く可能性がある．

解説 10分の遅刻を「わずか10分の遅れ」と判断するか，「10分も待たされた」と判断するかは，人により様々です．概して，待たされる立場では10分という時間は長く感じるものです．訪問リハは利用者の日常生活の一時を頂いて行われるサービスであることを十分に認識する必要があります．たった10分の遅刻でも，担当者の評価を大きく下げる結果となり，利用者との信頼関係がくずれ，適切な訪問リハを提供できなくなる可能性も秘めています．時間のトラブルにより信頼関係を損ねないようにしましょう．

〔具体的行動・対応〕

車や自転車，バイクなどで移動する訪問リハにおいて，交通事情により訪問時間が多少前後することは避けられません．時間のトラブルを避けるためには以下のような対応が考えられます．

❶事前に，交通状況などによっては時間が多少前後することを話しておく．一定の時間以上早く到着する，または，遅れる場合は連絡をする約束にしておく．
　（例：「交通状況によって15分程度前後する可能性があります．それ以上大幅に遅れる際はご連絡いたします」と利用者に伝えておく）

❷遅れる時間の長短に関わらず，遅刻が明確な際は利用者に一報する．また，遅刻する時間に関しては具体的な時間を明示して利用者に伝える．「少しだけ遅れます」と伝えても「少し」の時間感覚は人によって異なります．
　（例：「今から向かいますので，あと10分程度で到着いたします．大変申し訳ございません」）

36 雨の日の訪問

雨が降っています．
自転車で移動している
ためレインコートを
着ています．
これから利用者宅
に入ります．

接遇に関するリスク

✏️ どのようなトラブルが生じる可能性がありますか？

✏️ どのような対応が適切でしょうか？

36 雨の日の訪問

point
☐ 訪問先のご自宅は，利用者・ご家族のプライベートな空間であるため，それを加味した配慮が必要です．

予測されるリスクの例

☐ 濡れたレインコートで利用者宅を汚してしまい，不快な印象を与えてしまう．

解説 雨の日にレインコートを着用し，自転車やバイクで訪問する人もいるでしょう．訪問リハでは，利用者の玄関のみならず，リビングや寝室にお邪魔することがあります．当然のことですが，レインコートや荷物についた雨で，利用者宅を汚し不快な思いをさせない配慮が必要です．それぞれの利用者宅のルールに従って行動しましょう．

〔具体的行動・対応〕

❶ レインコートは可能な限り，脱いでから利用者宅に入りましょう．レインコートについた雨粒などは，できるだけ玄関の外で払っておくことも必要でしょう．

❷ レインコートの置き場所を利用者に相談しましょう．もし，ご厚意でハンガーなどを貸してもらえる場合は，お借りしてもいいでしょう．
（例：「濡れているものですので，こちらにおかせていただいても構いませんでしょうか？」と了解をとる）

❸ 荷物も濡れている場合があります．荷物を拭くためのタオルも事前に用意しておきましょう．なお，訪問スタッフが持っている荷物の中には，様々な書類が入っていることが多いものです．それらの書類が濡れないように収納も工夫しましょう．

❹ 雨が強い場合，靴下まで濡れてしまう可能性があります．予備の靴下も必要に応じて準備しましょう．

37 トイレや寝室の家屋評価を行う時は？

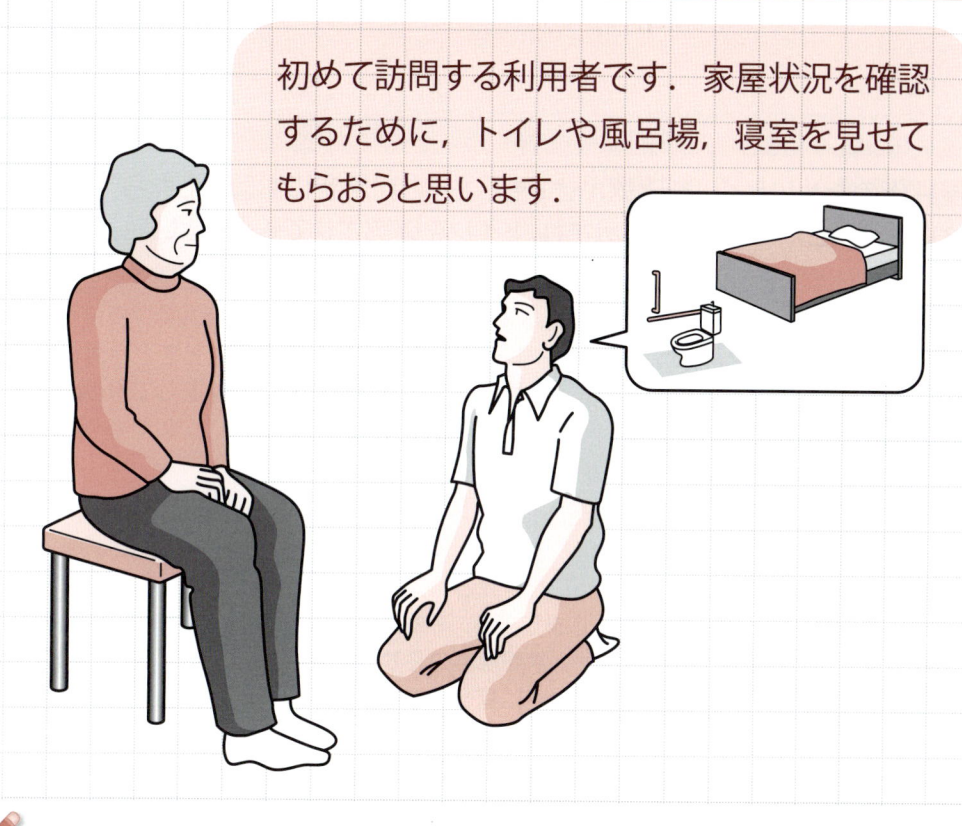

初めて訪問する利用者です．家屋状況を確認するために，トイレや風呂場，寝室を見せてもらおうと思います．

接遇に関するリスク

✎ トイレや寝室の家屋評価の際に起こるかもしれないトラブルは何でしょう？

✎ あなたは，トラブルを回避するためにどう対処しますか？

37 トイレや寝室の家屋評価を行う時は？

> **point**
> ☐ 利用者のお宅はプライベート空間です．
>   「土足」で立ち入らないようにしましょう！
> ☐ 訪問リハの目的を説明しましょう．

❗ 予測されるリスクの例

☐ 家屋評価のためにトイレを確認させてもらおうと利用者にお願いしたら，
　「それはちょっと……」と難色を示され，トイレを確認させてもらえない．

解説 リハ専門職にとって，利用者の自宅のトイレや寝室，風呂場などの生活環境を評価することは当たり前に思うかもしれません．しかし，トイレや寝室，風呂場はプライベートな空間です．皆さんは，自分の家のトイレや寝室を他人に見られることをどう思いますか？ きっと，少なからず抵抗感があると思います．見せるからには，十分に掃除をして準備を整える時間がほしいと思いませんか？ プライベートな空間を見せてもらうためには，利用者や家族にその必要性を説明し，了解していただく必要があります．

〔具体的行動・対応〕
トイレや寝室を評価する必要性を説明しましょう．例えば，「○○さんのお体の状態と，トイレの環境があっているかを確認したいので，トイレを拝見させていただいてもよろしいでしょうか？」と確認し，同意が得られてからトイレを確認しましょう．例にあげたように，急に家屋評価を依頼し難色を示される場合があります．その場合は，家屋評価の必要性を説明したうえで「急なお願いで申し訳ございませんでした．では，次回訪問した時に拝見してもよろしいでしょうか？」と家屋評価を延期することが必要でしょう．

❗ 予測されるリスクの例

☐ 家屋評価のために浴室を確認させてもらおうと利用者にお願いしたら，
　「なぜ風呂を見る必要があるんだ？ リハをお願いしたんだから，
　あなたには運動を指導してもらえばいいんだ！」とお叱りを受けてしまう．

解説 利用者や家族のなかには，訪問リハ＝運動と考えている方もいます．そのような方にとって，「訪問リハスタッフがトイレや寝室を見ること」は訪問リハと無関係のように感じるかもしれません．訪問リハが運動を行うことのみならず，生活環境の評価と助言・提案を行うことも役割であると十分に説明する必要があるでしょう．

〔具体的行動・対応〕
「訪問リハは，体を鍛える運動を行うとともに，体が不自由な方の日常生活上の問題に対してアドバイスをさしあげることも仕事の一環なのです．○○さんのトイレや寝室を拝見してもよろしいでしょうか？」と説明を行いましょう．

38 利用者の杖を破損してしまった！

利用者のT字杖を誤って地面に落とし，持ち手の部分が欠けてしまいました．T字杖は使えなくなってしまいました．本人と家族は「気にしなくていい」とおっしゃっています．

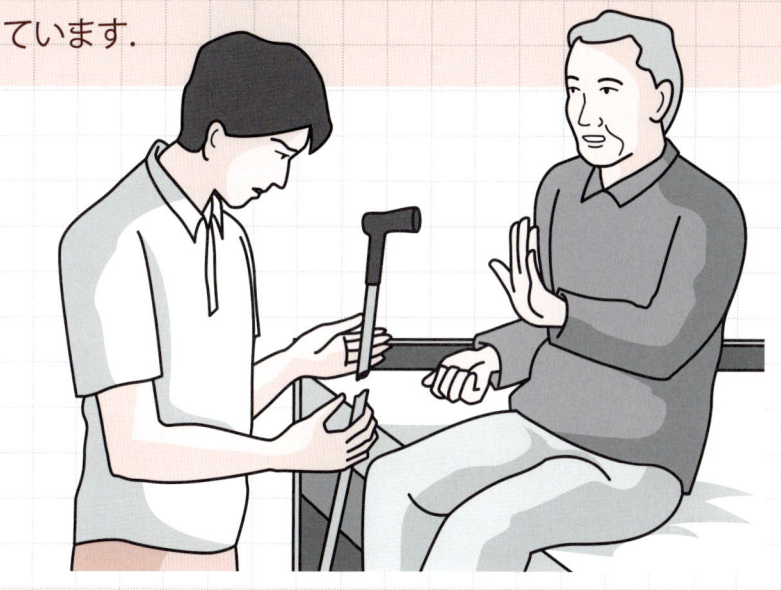

✏️ あなたならどのように対応しますか？

✏️ 適切なのはどのような対応でしょうか？

接遇に関するリスク

38 利用者の杖を破損してしまった！

> **point** ☐ こちらに非がある以上，弁償する処置が適切な対応です．

❗ 予測されるリスクの例

☐ その場では「気にしなくていい」とおっしゃる利用者も，後々になって「高価なものであったので弁償してもらいたい」などとトラブルにつながる．

解説 　利用者宅にある物をリハスタッフの不注意で破損してしまった場合，利用者から厳しく叱責されることは稀であり，「気にしなくていいよ」と寛容にお許しいただけることが多いのではないでしょうか．たしかに，利用者の厚意に甘え，その場をやり過ごすこともできます．しかし，ここはケジメをつけて，しっかりと謝罪をして弁償するのが道理でしょう．そのような対応が，利用者からの信頼感を高めることにつながる可能性もあります．

〔具体的行動・対応〕
サービスを開始する契約の段階において，物品を万が一破損した際は，弁償することを説明しておくとよいでしょう．また，利用者の自宅にある物の中には，絵画や置物など高価な調度品も含まれます．そのような物を万が一破損してしまったら，スタッフが個人的に賠償できる限度を超えることもあります．そのような場合に備えて，賠償保障の保険にあらかじめ加入することも必要です．
例に示したT字杖を破損してしまった場合，まずは利用者に謝罪しましょう．そして，職場の上司にも報告し，弁償の方法を考えましょう．賠償保障制度に加入していれば，それが補償範囲内に含まれるのかを検討しましょう．弁償する場合，可及的速やかに実行に移すことも重要です．時間がかかると，利用者に誠意が伝わらない可能性があります．

❗ 予測されるリスクの例

☐ 日常生活活動上，移動の際にはT字杖を使用していただいているため，破損したT字杖のトラブルにより転倒などの要因につながる可能性がある．

解説 　破損してしまった物が利用者の日常生活上で不可欠な物の場合，代用品を用意しないと利用者の日常生活に支障をきたします．破損してしまった者の責任として，早急に対応しましょう．

〔具体的行動・対応〕
歩行補助具や福祉用具などレンタルが可能な物である場合は，すぐにケアマネージャーに連絡をとり代用品の準備を依頼しましょう．

39 訪問曜日や時間を変更する

認知機能の低下が疑われる利用者です．次回の訪問から，訪問曜日と時間を変更したいと思います．利用者本人には説明し，変更することの同意をいただきました．

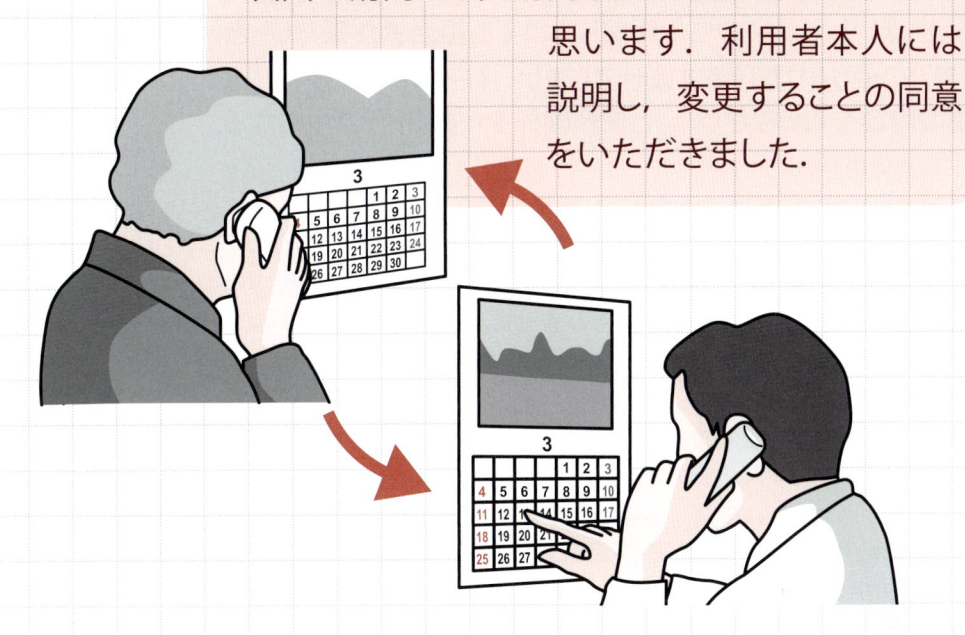

接遇に関するリスク

🖉 どのようなトラブルが予想されますか？

🖉 適切なのはどのような対応でしょうか？

39 訪問曜日や時間を変更する

point
- ☐ 訪問予定を変更したことが，記録に残るようにしましょう．
- ☐ キーパーソンや関係者への連絡も行いましょう．

予測されるリスクの例

☐ 利用者が変更した訪問曜日や時間を忘れてしまい，変更以前までの訪問曜日・時間と勘違いして，「いつもの時間になっても担当者が来ない」とトラブルになる．

☐ 利用者とのやりとりだけですませてしまい，キーパーソンが「変更の内容を知らなかった」と信頼関係をくずすトラブルになる．

解説

訪問曜日や時間の変更に伴うトラブルは，訪問リハの現場で頻繁に経験します．特に，高齢者に対する訪問リハでは，トラブルが多いと思われます．担当者は時間変更を利用者に確かに伝えたとしても，利用者が忘れる（または勘違いする）こともあります．この時に，「変更を忘れた利用者が悪い」と利用者に責任を押し付けることや，「時間変更を"言った"，"言わない"」の水かけ論を繰り広げても問題の解決になりません．この時に訪問リハスタッフに必要なことは，「利用者が時間変更を忘れない（勘違いしない）ための配慮が不十分であった」と自省することです．

〔具体的行動・対応〕
例に示したように，認知機能の低下が疑われる利用者の訪問曜日や時間を変更する際には，特に慎重に行わなければいけません．変更内容がうまく伝わっていない場合，信頼関係を損なうこともありますので注意が必要です．また，経験上，電話での連絡は誤解を招くことがあります．認知機能が低下している利用者への連絡は，できるだけ対面して行えるほうがよいでしょう．各種の認知機能検査から認知機能低下の有無を把握しておくことも必要でしょう．

利用者が時間変更を忘れない（勘違いしない）ための配慮として，何か形に残るもので記録を残すことが有用でしょう．例えば，変更内容のメモを利用者に渡す，カレンダーに次回の訪問を記載するなどの対応が望ましいでしょう．

加えて，キーパーソンが同居している場合は，キーパーソンにも時間変更を相談しましょう．認知機能が低下している利用者のキーパーソンは，訪問リハ等のサービスが入る時間をふまえて自分のスケジュールを組んでいることがあります．キーパーソンに無断で時間変更を行うと，キーパーソンの予定を乱すことにもつながる可能性があります．

40 担当者を変更する

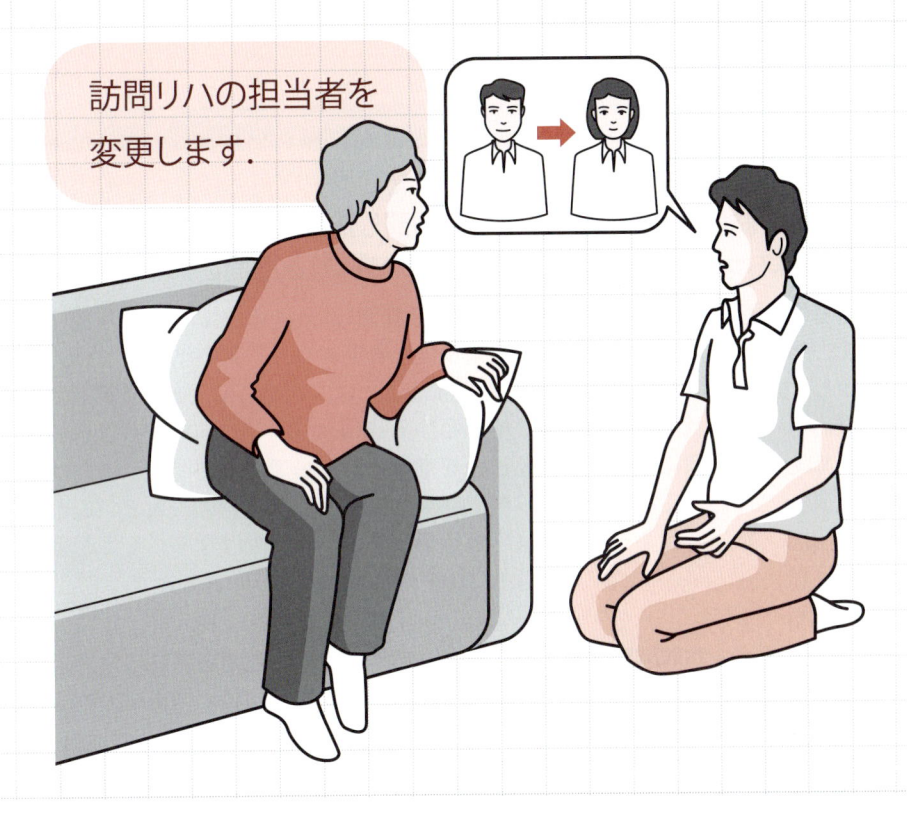

訪問リハの担当者を変更します．

接遇に関するリスク

✏️ どんなトラブルが予想されますか？

✏️ あなたなら，どのように対応しますか？

40 担当者を変更する

point
- 担当者の変更は，利用者に大きなストレスを与える可能性があります．また，前担当者と異なる部分について，敏感に気にする利用者もいます．

予測されるリスクの例

- 前担当者は訪問予定時刻の10分前に到着していた．新たな担当者が訪問予定時刻に合わせて訪問したら，「前の担当者はもっと早く到着していた．訪問が遅い」と指摘される．

解説
担当者の変更は，訪問リハのみならず，医療機関でのリハにおいても日常的に起こることです．そのため，リハスタッフは，あまり担当変更について深く考えないかもしれません．しかし，訪問リハにおいて担当者を変更することは，利用者に大きな精神的ストレスを与える可能性があります．それは，人物像や性格がわかる（気心が知れた）前担当者から，見ず知らずの新担当者（他人）が自分の家に訪問してくることを意味するからです．訪問リハにおける担当変更は，医療機関でのリハにおける担当変更よりも，利用者に与えるストレスが大きいことを認識する必要があるでしょう．担当者が変更した時は不信感を招くような行動はなるべく慎む必要があります．

〔具体的行動・対応〕
運動メニューのみならず，訪問時間や車・バイクの駐車場所，その利用者特有の注意事項について申し送りを受けるように心がけましょう．また，訪問前日に挨拶をかねて連絡を入れることも有効でしょう．その際に，訪問予定時刻も連絡しておくとよいでしょう．

予測されるリスクの例

- 前担当者からの申し送りに準じて運動メニューを実施したが，「前の人とメニューの順番が違う．同じ順番で行ってほしい」と指摘される．

解説
運動メニューについて前担当者から申し送りを受けたとしても，前担当者と全く同じメニューを行うことは困難です．担当変更後の初回訪問では，あらかじめ利用者に対してその点を説明しておくとよいでしょう．

〔具体的行動・対応〕
例えば，「前担当者の○○から，△△さんが行っていた運動メニューの説明を受けました．基本的には○○が行っていた運動と同じ内容で行いたいと思いますが，少し異なる部分もあるかもしれません．ただ，運動の目的や方針は同じすのでご安心ください．何か不安なことがあれば教えてくださいね」などと説明しておくとよいでしょう．

41 帰り際のお茶とお菓子

訪問リハが終了して退室しようとしたら,お茶とお菓子が出されました.

接遇に関するリスク

✏️ あなたなら,どのように対応しますか？

✏️ あなたの対応が,何かトラブルを引き起こす可能性はありますか？

085

41 帰り際のお茶とお菓子

point ☐ 原則的には, 辞退することが望ましいでしょう.

予測されるリスクの例

☐ 利用者と家族が「お茶やお菓子を楽しむ」ことに訪問リハの重点を置いてしまう.
☐ 出されたお茶やお菓子を遠慮したところ, 利用者に不快な思いをさせてしまう.

解説

訪問リハのスタッフに対して, お茶やお菓子が用意されていることがあります. このお茶やお菓子は, スタッフに対する謝意や労いとして用意されることもありますし, 訪問者に対する礼儀として慣例的に用意されることもあります. お茶やお菓子をいただきながら行う会話のなかから, 利用者や家族の本音が明らかになることもあり, お茶やお菓子をいただくことの全てを否定することはできません. ただ, 原則的には, 毎回の訪問時にお茶やお菓子が準備されているということは望ましくないでしょう. 利用者や家族の意向を斟酌し, お茶やお菓子をお断りすることも必要でしょう. この時に注意する点は, お茶やお菓子に対する考え方や適切な振る舞いは地域・地方によって異なるため, 無下に辞退することで利用者や家族との関係を悪くしてしまう可能性もあります. 地域・地方の実情に応じて, お茶やお菓子への対応を事業所(施設)ごとに決めておくことが必要でしょう.

訪問リハの後に慣例的にお茶をいただくことが続くと, いつの間にか「お茶を楽しむ」ことが訪問リハの目的の一つと勘違いしてしまう利用者もいます. すると, お茶をいただく時間がとれない時に「物足りなさ」を感じるなど, 不自然なことも起こりえます. お茶を用意してくださった気持ちを害さないようにお断りするコミュニケーションスキルが大事でしょう.

[具体的行動・対応]

お茶やお菓子が用意されていたら, まずは感謝の意を伝えましょう. そのうえで, 事業所(施設)としてお茶やお菓子をいただかない方針になっているのであれば, その旨を伝えましょう. 例えば, 「お茶をご用意いただき, ありがとうございます. ただ, お茶は頂戴できない決まりになっていますので, 次回の訪問からお茶のご用意は結構です. お気持ちだけ頂戴したいと思います」などと伝えれば角が立たないでしょう.

42 利用者宅の電話がなっている

利用者の家の電話がなりました．
利用者の家族は外出中です．
利用者自身は歩行困難であり，
電話まで急いで歩いて
いくことは困難です．

接遇に関するリスク

✏️ あなたなら，どのように対応しますか？

✏️ あなたの対応が，何かトラブルを引き起こす可能性はありますか？

㊷ 利用者宅の電話がなっている

> **point**
> □ 親切心からの行動であっても，利用者のプライベートに関わることについてのお手伝いは，利用者の許可を得てから行いましょう．

! 予測されるリスクの例

□ 利用者から許可を得る前に無断で電話に対応したら，「勝手に電話に出ないで」と利用者から指摘をうける．

□ なっている電話をあえて無視していたら，「電話をとってもらえないですか？」と利用者から言われる．

解説
訪問リハの現場では，医療機関におけるリハでは無縁な利用者の私的日常場面に遭遇することがあります．例に示した「電話がなる」ことの他にも，郵便物が届いたり，新聞の購読料の集金，近所の友人がお裾分けの品を持ってくる，押し売りや宗教の勧誘まで様々です．これらの場面に利用者がどのように対応するかを観察することで，利用者の手段的日常生活活動（金銭管理能力など）やコミュニケーション能力，社会的ネットワークを評価することも可能です．一方で，これらの場面は利用者の私的な一面であり，リハスタッフに見られたくないと考えているかもしれません．親切心から，これらの私的日常場面に関わった結果，かえって利用者に不快な思いをさせてしまうこともあります．逆に気を遣って関わらないようにしていると，「冷たい対応」と利用者が感じることもあるでしょう．私的日常場面への関わりをもつかどうか，利用者に確認しましょう．

〔具体的行動・対応〕
なっている電話について，「代わりに電話に出ましょうか？」と利用者に確認し，許可が得られたら電話に出ましょう．そして，電話の相手を確認し，利用者に取り次ぎましょう．

43 風邪気味のスタッフ

担当スタッフが風邪をひき，声をからしてしまいました．既に熱は下がり，咳，痰などの感冒症状はありません．

接遇に関するリスク

🖉 どのようなトラブルが予想されますか？

🖉 どのような対応が適切でしょうか？

43 風邪気味のスタッフ

point ☐ 利用者に安全・安心な環境でリハを提供しましょう．

予測されるリスクの例

☐ 風邪気味のスタッフが訪問してしまうと，利用者が体調を崩すなどの不安を与えてしまう可能性があります．

解説 利用者は自分の健康状態に敏感です．担当スタッフの声がかれていると，「風邪をひいているのかしら？」「私に風邪がうつらないだろうか？」と心配する利用者もいます．また，利用者の家族も同様に考えるでしょう．実際に，健常者であれば発症しない場合も，高齢者は感冒症状を引き起こしてしまう可能性があります．訪問リハにおいては，利用者に安全な環境でリハを提供しなくてはいけません．利用者に不安を軽減させるための対応が求められます．

〔具体的行動・対応〕

❶ サービス前後でうがい・手洗いを行い，サービス中はマスクを着用することが必要でしょう．うがい・手洗いやマスクの着用は，スタッフの体調に関わらず，通常の訪問業務において励行することが望ましいでしょう．

❷ 当たり前ですが，インフルエンザ等が流行する時期の場合は，訪問スタッフが自己判断せずに医療機関を受診し，診断を受けましょう．そして，インフルエンザではないことが明確になったら，利用者や家族に対しても「インフルエンザではない」ことを明確に伝えることが利用者の安心につながるでしょう．

❸ 複数名のスタッフが共同で担当している場合，風邪気味のスタッフの代わりに訪問できるスタッフがいれば，代わりに訪問してもらう配慮も必要でしょう．

❹ 訪問日を延期することが可能であれば，延期してもよいでしょう．嗄声が治り，利用者に不安を与えない状況になってから訪問する対応も必要でしょう．

III
連携に関するリスク

Ⅲ. 連携に関するリスク

訪問リハでは,医師,ケアマネージャー,家族など,多くの人との連携や意見交換が必要となります.
訪問リハならではの連携の課題にはどんなことがあるでしょう?

44 突然の訪問リハ終了の連絡

ケアマネージャーから「デイサービスを開始するので訪問リハを中止したい」と連絡がありました．しかし，先日行われた担当者会議では，デイサービスの利用を検討しているという話はありませんでした．

デイサービス？
中止？

✏️ ケアマネージャーからの電話について，どう思いますか？

✏️ あなたは，どのように対応しますか？

連携に関するリスク

44 突然の訪問リハ終了の連絡

point ☐ 訪問リハ終了の理由は何でしょう?

予測されるリスクの例

☐ 利用者は訪問リハのサービス内容に不満を感じており，利用者から
サービス終了の申し出がケアマネージャーにあった．
しかし，ケアマネージャーが訪問スタッフに気を遣い，
「デイサービスを利用すること」を表向きの理由としてあげた．

解説　デイサービスへの移行を理由に訪問リハが終了となることはよく経験します．しかし，今までデイサービスへの移行の話が全くなかった利用者が，急にデイサービスへの移行を理由に終了となることは不自然なように思いますね．その場合，「もしかして，訪問リハの内容に何か不十分な点があったから終了になったのでは？」と考え，最近の利用者の態度や言動を思い返してみましょう．何か心当たりがあるのではないでしょうか？　そして，勇気を出してケアマネージャーに問い合わせてみましょう．耳が痛い話を聞かされるかもしれませんが，まさに訪問リハが「サービス業」であることを実感する瞬間ではないかと思います．経験が浅いリハスタッフは，このような経験を重ねながら専門職としての知識，技術もさることながら，ある意味での「接客」技術を学び，利用者と喜びを共有する「ホスピタリティ」の視点を獲得していく必要があります．このようなトラブルがあったとしても，自分が成長するチャンスと捉え，他の利用者さんへのサービスにいかしていきたいですね．

〔具体的行動・対応〕
ケアマネージャーに問い合わせをして，「○○さんの訪問リハが終了とのご連絡をいただいたのですが，訪問リハのサービスに何か至らない点がございましたでしょうか？」などと率直に聞いてみましょう．

45 デイサービスでの入浴方法をアドバイス?

訪問リハで担当している利用者が，リハ専門職が在籍しない他法人が運営するデイサービスに通っています．ケアマネージャーから「デイサービスでの入浴方法についてアドバイスをしてほしい」とFAXで依頼されました．

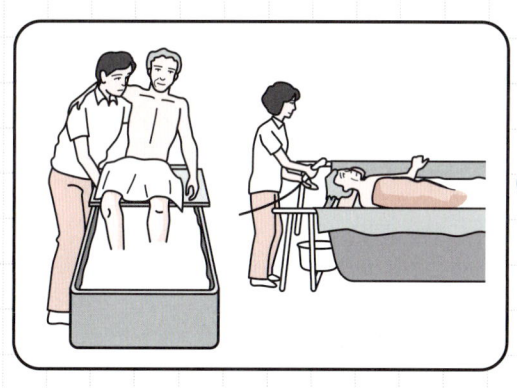

✏️ あなたなら，どのように対応しますか？

✏️ あなたの対応が，何かトラブルを引き起こす可能性はありますか？

45 デイサービスでの入浴方法をアドバイス？

> **point** ☐ 他法人で行われるサービスに関する情報提供は
> 慎重に行いましょう．

予測されるリスクの例

☐ 自宅での入浴方法を参考にしてデイサービスでの入浴方法をアドバイスしたところ，デイサービスでの入浴中に転倒してしまう．

☐ リハスタッフが入浴方法のアドバイスを行った後，利用者の病状が変化した．
しかし，以前にアドバイスした入浴方法を継続したところ入浴中に転倒してしまった．
さらに，転倒の責任について，アドバイスしたリハスタッフが問われる．

解説　多職種によるチームアプローチが求められる訪問リハにおいて，職種間の情報提供，情報共有が重要であることは言うまでもありません．しかし，例にあげたような他法人が提供するサービス，特に入浴のような事故が発生する可能性があるサービスに関する情報提供は慎重に行う必要があります．なぜならば，リハスタッフが他法人のサービス（この場合，入浴）が行われる物理的環境やサービスを行う介護スタッフの介護技術，人数，シフト体制などの情報を正確に把握することは困難だからです．また，物理的環境や介護スタッフの変更があった場合，それに則したタイムリーな修正情報を提供することは難しいと思います．そのような状況で，（ある意味で無責任な）情報提供を行い，万が一，入浴方法で事故が起こってしまった場合，リハスタッフが責任の一端を問われる可能性も否定できません．親切心から行った情報提供が，結果的に悪い方向に作用してしまったら悲しいですよね．リハスタッフが情報提供を行う際は，責任を負える範囲，内容を考えて行う必要があるでしょう．

〔具体的行動・対応〕
デイサービスでの入浴環境や介護スタッフの状況がわからないため，適切なアドバイスができない旨を率直に伝えることも必要だと思います．基本的には，入浴を行う法人のスタッフや責任者が協議し，入浴方法を決めるほうが適切でしょう．

46 住宅改修における連携は？

自宅で入浴するために浴室に手すりがあったほうがよさそうです．これからケアマネージャーと工務店に連絡をいれます．

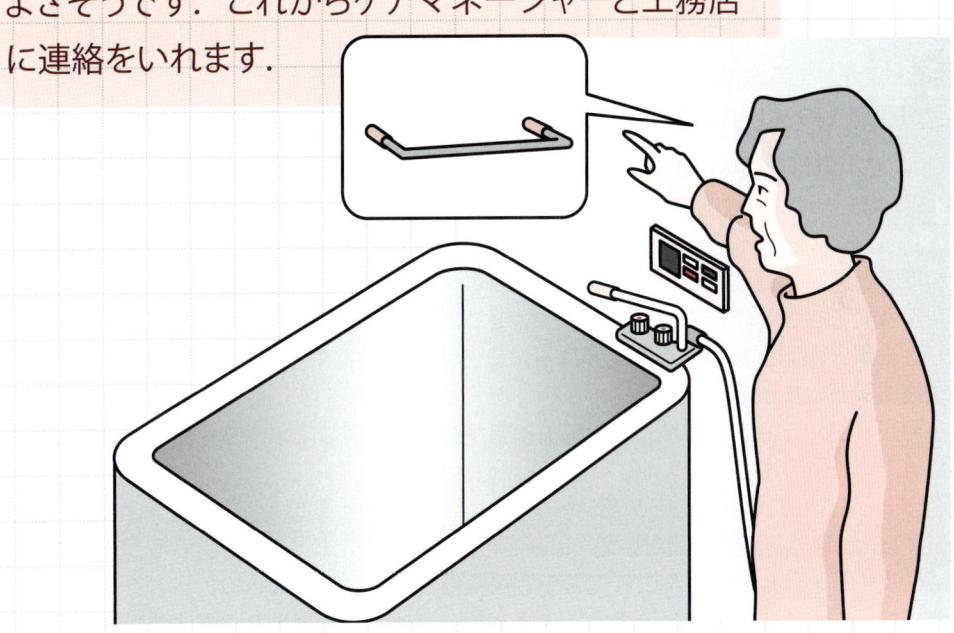

✏️ 住宅改修を成功させるために，どのようなプロセスがあるでしょうか？

✏️ あなたなら，どのように対応しますか？

連携に関するリスク

46 住宅改修における連携は？

point ☐ 改修方針を共有し，改修方針を確実に実現しましょう．

予測されるリスクの例

☐ 住宅改修の方針について，利用者とケアマネージャーから同意を得て見積もりを出し，改修日程が決定した．
しかし，同居家族から改修内容について異論が出て，改修方針の練り直しになる．

☐ 手すりを設置する位置を工務店の担当者に電話で伝えた．
しかし，改修方針とは異なった場所に手すりが設置されてしまう．

解説

住宅改修を成功させるプロセスは大きく分けて2つあります．
第1段階は，住宅改修の目的と予想されるメリット（効果），デメリット（同居家族の生活に支障をきたすかなど）について，利用者本人，家族，ケアマネージャーなど関係者から十分な理解と同意を得るということです．リハスタッフの立場で考えれば妥当な改修方法であっても，利用者や家族がその方法に同意するとは限りません．実際に生活で使用するのは利用者や家族であり，当事者が同意していない改修は役に立ちません．特に家族に対する十分な説明を怠ると，いざ改修工事が始まってからトラブルが起こる可能性があります．当たり前のことですが，住宅改修は費用が発生するものであり，利用者・家族が費用を負担します．費用負担に見合う住宅改修を行うためには，住宅改修を行う前の入念な意思確認が必要です．

第2段階は，決まった改修方針を工務店に正確に伝え，実現することです．改修内容やその目的を正確に伝えるためには，実際の利用者宅に工務店の方に来ていただき，リハスタッフが直接説明するのが最も確実でしょう．そして，改修内容の実現の可否について工務店の担当者とディスカッションします．技術的に改修が困難な場合は，改修方針に沿って代替案を考える必要があります．工務店の担当者が利用者宅に来ることが困難な場合は，写真や図などを活用した資料を作成し，改修内容と目的をできるだけ視覚的に説明する工夫が必要でしょう．口頭（電話など）での連絡だけでは，改修の詳細な内容が伝わらず，改修方針と異なる工事が行われることがあり注意が必要です．

〔具体的行動・対応〕
住宅改修方針を説明する時は，担当者会議など関係者が揃う場で行うほうが望ましいでしょう．特に工務店の担当者への説明は，実際の利用者宅で行うほうが望ましいでしょう．

47 脳卒中の利用者から「手は治りますか？」と問われたら…？

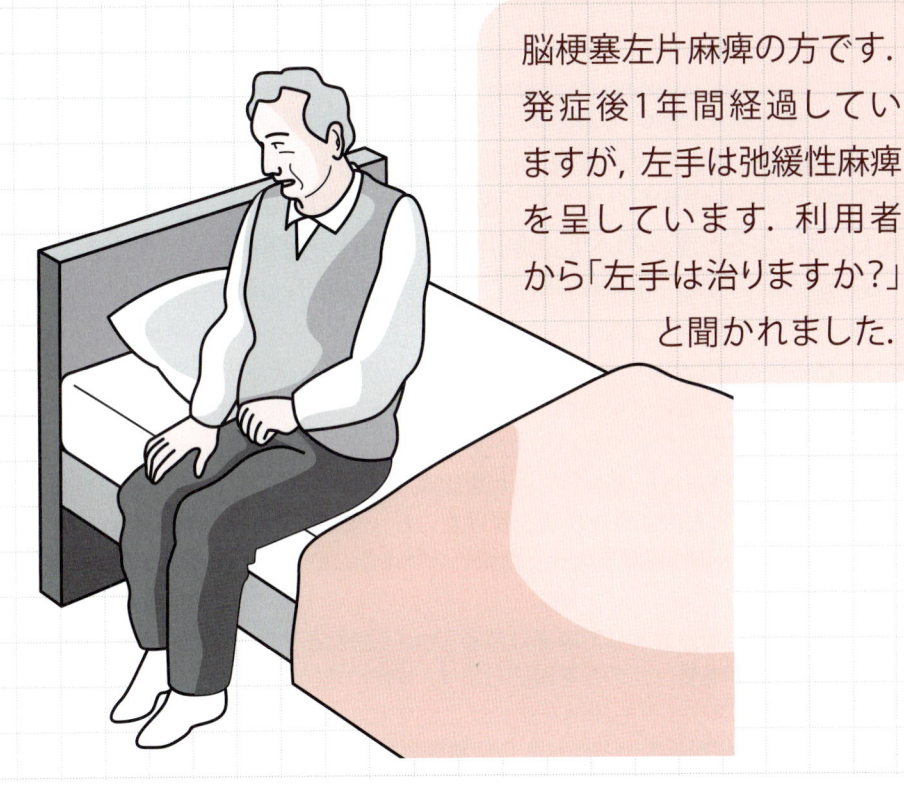

脳梗塞左片麻痺の方です．発症後1年間経過していますが，左手は弛緩性麻痺を呈しています．利用者から「左手は治りますか？」と聞かれました．

✏️ あなたなら，どのように対応しますか？

✏️ あなたの対応が，何かトラブルを引き起こす可能性はありますか？

連携に関するリスク

47 脳卒中の利用者から「手は治りますか？」と問われたら…？

> **point**
> ☐ 利用者が医師から受けた説明の内容を確認しましょう．
> そして，その内容を利用者がどのように解釈しているかを確認し，
> リハスタッフが説明する内容を考えましょう．

⚠ 予測されるリスクの例

☐ 発症からの経過も長いため「麻痺の回復は難しい」と利用者に説明し，
　代償的アプローチを提案したところ，「医者はリハビリを頑張れば
　手は動くようになると言っていた」と利用者は憤慨し，信頼関係を損ねてしまう．

解説 　在宅高齢者は，入院中の高齢者と異なり，医師と接する機会が少なくなります．そのため，高齢者にとって身近な訪問リハスタッフが，上記のような医学的予後に関連する質問を投げかけられることがあります．そのほかにも，例えば，訪問リハを利用しているパーキンソン病の利用者から「リハを受けているのに，うまく歩けるようにならないのはなぜか？」と問われ，疾患の病態や症状について訪問リハスタッフが説明を行わなくてはならないこともあります．本来，医師が行うことが望ましいこれらの医学的説明を訪問リハスタッフが行う時，私たちが注意している点は，利用者が医師からどのような説明を受けたのか，また，その内容を利用者がどのように解釈しているかを確認し，その内容から大きく逸脱しないように心がけています．

〔具体的行動・対応〕
まず，利用者が医師から「後遺症として麻痺は残る」という説明を受けたのか，「リハビリを頑張れば良くなる」とう趣旨の説明を受けたのかを確認します．前者の説明がなされているのであれば，医師の説明に準じて訪問リハスタッフも説明をすればよいでしょう．後者の説明を受けた場合，利用者がその説明をどのように解釈しているかをさらに質問します．利用者自身も「リハビリを頑張れが右手が動くようになる．右手を動かす練習を頑張りたい」と考えているのか，「お医者さんはそう言ったけど，手が動くようになるのは難しそう」と考えているのかで対応は異なります．前者の場合は，代償的なアプローチを現時点で提案するよりも，機能回復のアプローチを併用したほうが有効でしょう．そして，少しずつ，いわゆる「障害受容」の方向に導く必要があります．後者の場合は，利用者の解釈に同意を示し，代償的なアプローチをすすめていくことが有効でしょう．

48 訪問看護指示書の開示要求

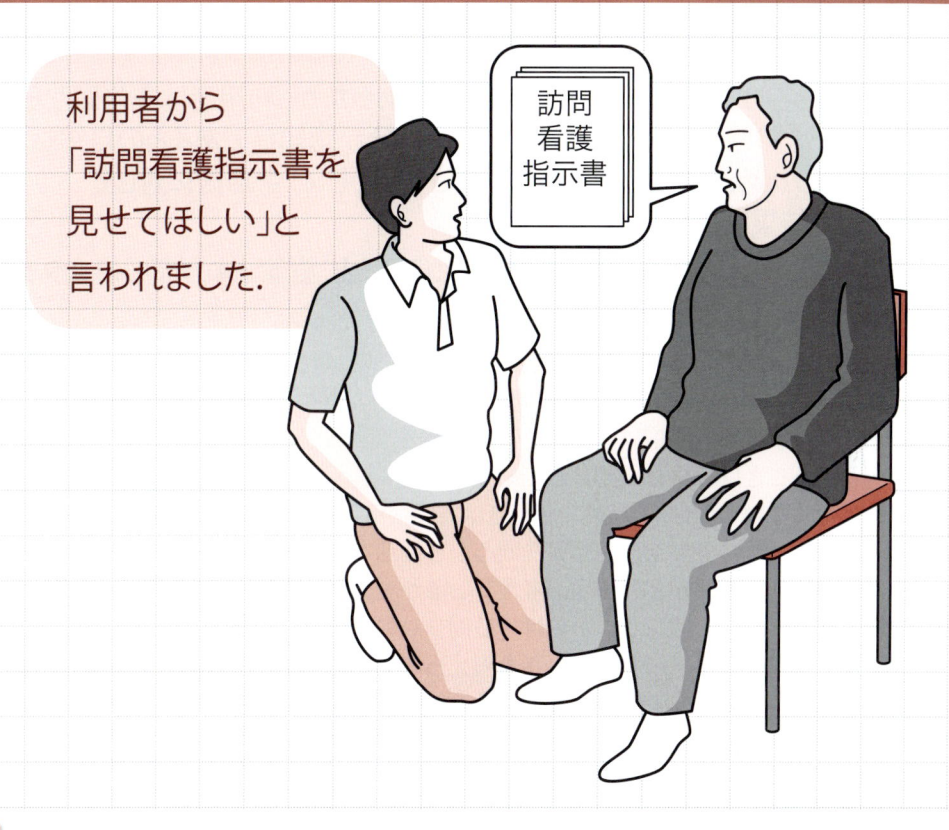

利用者から「訪問看護指示書を見せてほしい」と言われました．

✏ あなたなら，どのように対応しますか？

✏ あなたの対応が，何かトラブルを引き起こす可能性はありますか？

連携に関するリスク

48 訪問看護指示書の開示要求

point ☐ なぜ利用者は，訪問看護指示書の開示を求めたのでしょう？

予測されるリスクの例

☐ 指示書の疾患名の欄に「認知症」と記載されてあったが，利用者は主治医から認知症であると診断された覚えはなく，また，自分が認知症であるとの自覚もなかった．そのため，精神的なショックを受けるとともに，主治医に対して不信感を抱く結果になってしまう．

☐ 指示書の開示に応じられない旨を利用者に伝えると，立腹され訪問リハスタッフとの信頼関係を損ねてしまう．

解説

訪問看護指示書は主治医が訪問看護を行う事業所に対して発行する書類です．そのため，仮に利用者から訪問看護指示書の開示を求められたとしても，それに応じる必要はありません．訪問看護指示書のなかには，疾患名や重症度，予後などを記載されていることもあり，安易に開示することは不要なトラブルを招く可能性も考えられます．ただ，ここでリハスタッフが考えなくはならないことは，「なぜ，利用者は訪問指示書を見せてほしいと言ったのか」についてです．例えば，深い理由はなく単純な興味関心から開示を求めただけかもしれませんし，利用者が自分の病状について主治医がどのように考えているかを知りたくて開示を求めたのかもしれません．ただ，最も注意しなくてはならないのは，訪問リハのサービス内容に何らかの不満があり，その結果として指示書の開示要求につながったと考えられる場合です．この場合，仮に訪問看護指示書の開示請求に応じたとしても利用者の不満が解消されるとは思えません．考えるべき内容は，「指示書を開示する，しない」ではなく，「利用者がサービスに満足しない理由は何か？ サービス内容をどのように改善する必要があるか？」です．

〔具体的行動・対応〕
利用者との会話や利用者の態度から，訪問看護指示書開示請求の理由を推測しましょう．推測が難しい場合は，率直に「指示書について，どのような内容が知りたいのですか？」と聞いてみましょう．利用者が抱えている悩みや不安を語ってくれるかもしれません．そして，その返答に応じて対処しましょう．

49 通所サービスの利用を勧めるためには？

通所サービスの利用をご本人に提案したところ，「以前，デイサービスを利用したことがあるが，ぬり絵や習字など小学生のようなことをやらされた．子供あつかいされるようなところには行きたくない」と言っています．

✏️ あなたなら，どのように対応しますか？

✏️ あなたの対応が，何かトラブルを引き起こす可能性はありますか？

連携に関するリスク

49 通所サービスの利用を勧めるためには？

> **point** ☐ 利用者の希望に合った通所系サービスを選択しましょう．

予測されるリスクの例

☐ ケアマネージャーとともに通所サービスの利用を勧め，なんとか通所サービス利用にこぎつけた．しかし，利用者の希望とデイサービスの内容が合わず，通所サービスが終了となってしまった．以後，デイサービスを利用することを強く拒否し，閉じこもりがちの生活になってしまう．

解説

通所系サービスを利用する目的は，食事や入浴機会の提供のみならず，他者との交流，日中の活動性の確保，機能訓練，介護者の介護負担軽減など様々です．そのため，訪問リハと通所系サービスを併用している利用者も少なくありません．その一方で，通所系サービスの利用に消極的な方もいます．消極的な理由は，他者と関わること自体が苦手ということもあれば，例にあげたように，過去に通所系サービスを利用した時の印象が悪かったためということもあります．このような利用者に対して，単純に「家に閉じこもってばかりいてはいけないからデイサービスを再開しましょう」と促しても，サービス利用にはつながりにくいでしょう．

通所系サービスを円滑に導入するためのポイントは，利用者が希望する通所系サービスの内容を聴取し，その希望を満たす通所系サービス事業所をケアマネージャーの協力を得ながら探すことだと思います．機能訓練に興味関心がある利用者には機能訓練に特化している通所系サービスが適当でしょうし，他者との交流に興味関心がある利用者には比較的小規模で利用者同士やスタッフとのコミュニケーションがとりやすい通所系サービスが適当でしょう．利用者の希望と提供されるサービス内容にミスマッチが生じると，例にあげたような失敗体験（トラブル）が生じ，通所系サービス自体の利用が困難になってしまいます．

〔具体的行動・対応〕

まずは，利用者がデイサービスに望んでいる内容を聴取しましょう．聴取内容が偏ってはいけないので，リハスタッフだけでなく，ケアマネージャーからも席を分けて聴取するほうが望ましいでしょう．そして，聴取した希望に合った通所系サービスが見つかったら，施設やサービス内容の見学などを行います．見学にはケアマネージャーが同行できるとよいでしょう．そして，サービス内容に本人が納得したら，本格的にサービスをスタートしましょう．

50 振り替え訪問にご用心

訪問日が祝日にあたりました．利用者は外出予定があるため，振り替え訪問を希望されました．

✏️ あなたなら，どのように対応しますか？

✏️ あなたの対応が，何かトラブルを引き起こす可能性はありますか？

連携に関するリスク

50 振り替え訪問にご用心

> **point** ☐ 振り替え訪問の日程調整は，利用者本人だけでなく，ケアマネージャーや家族とも相談しましょう．

予測されるリスクの例

☐ 振り替え訪問で伺ったら，訪問ヘルパーがサービス提供中であり，訪問介護と重複してしまう．

☐ 振り替え訪問を行ったら，サービス利用限度額をオーバーしてしまう．

☐ 利用者家族から了承を得ず，利用者本人と相談して振り替え訪問の日程を調整した．しかし，振り替え訪問を行う日に，利用者家族は外出の予定があった．結果的に，利用者家族は外出を他の日に変更することになる．

解説 振り替え訪問を行う際は，利用者本人と日程の調整を行うのみならず，他の関係者にも確認する必要があるポイントがいくつかあります．

〔具体的行動・対応〕
ケアマネージャーに対して確認する第1点目は，振り替え訪問が他のサービス（訪問ヘルパーなど）の提供時間帯と重複しないかを確認する必要があります．次に，振り替え訪問を行うことで利用限度額をオーバーしないかという点を確認する必要があります．例にあげたような祝日は特に注意が必要であり，「祝日の訪問リハはお休み」という前提でケアマネージャーはサービス利用額を計算しているかもしれません．その場合，不用意に振り替え訪問を行うと利用限度額をオーバーし，自費サービスとなってしまう可能性があります．次に，利用者の家族に対しても振り替え訪問の日程を相談する必要がある場合があります．家族のスケジュールが訪問リハの日程に左右される場合は，家族への相談は欠かせません．訪問日程の変更を行う際に家族への相談が必要かどうかを，事前に確認しておくとよいかもしれません．

予測されるリスクの例

☐ 振り替え訪問で伺ったら，利用者が留守である．通常の訪問とは異なる曜日・時間帯に振り替え訪問を行ったため，利用者本人が振り替え訪問があることを忘れてしまっていた．

解説 訪問リハスタッフは，利用者が訪問の日程を忘れないようにするための配慮が必要です．特に，認知機能の低下が疑われる利用者は注意が必要です．

〔具体的行動・対応〕
利用者の許可が得られれば，利用者宅にあるカレンダーやスケジュール帳に振り替え訪問の日程を書き込むなどの対応が有効かもしれません．

付表①：リハビリテーション中止基準

本文012頁参照

1. 積極的なリハビリテーションを実施しない場合
① 安静時脈拍40/分以下または120/分以上
② 安静時収縮期血圧70mmHg以下または200mmHg以上
③ 安静時拡張期血圧120mmHg以上
④ 労作性狭心症の方
⑤ 心房細動のある方で著しい徐脈または頻脈がある場合
⑥ 心筋梗塞発症直後で循環動態が不良な場合
⑦ 著しい不整脈がある場合
⑧ 安静時狭心痛がある場合
⑨ リハビリ実施前にすでに動悸・息切れ・胸痛がある場合
⑩ 坐位で眩暈，冷や汗，吐気などがある場合
⑪ 安静時体温が38℃以上
⑫ 安静時酸素飽和度（SpO2）90％以下

2. 途中でリハビリテーションを中止する場合
① 中等度以上の呼吸困難，眩暈，狭心痛，頭痛，強い労作感が出現した場合
② 脈拍が140/分を超えた場合
③ 運動時収縮期血圧が40mmHg以上，または，拡張期血圧が20mmHg以上上昇した場合
④ 頻呼吸（30回/分以上），息切れが出現した場合
⑤ 運動により不整脈が増加した場合
⑥ 徐脈が出現した場合
⑦ 意識状態の悪化

3. 一旦リハビリテーションを中止し，回復を待って再開
① 脈拍数が運動前の30％を超えた場合，ただし，2分間の安静で10％以下に戻らない時は以後の
　リハビリテーションを中止するか，またはきわめて軽労作のものに切り替える
② 脈拍が120/分を超えた場合
③ 1分間10回以上の期外収縮が出現した場合
④ 軽い動悸，息切れが出現した場合

4. その他の注意が必要な場合
① 血尿の出現
② 喀痰量が増加している場合
③ 体重が増加している場合
④ 倦怠感がある場合
⑤ 食欲不振時・空腹時
⑥ 下肢の浮腫が増加している場合

日本リハビリテーション医学会診療ガイドライン委員会（編）：リハビリテーション医療における安全管理・推進のためのガイドライン．医歯薬出版，2006，p6．より引用改変

付表②：HOT機器の取り扱いについての豆知識

本文014頁参照

☐ ボンベ使用可能時間の計算
　：ボンベの容量×酸素の充填圧（MPa）×10＝ボンベ内の酸素残量（ℓ）
　：ボンベ内の酸素残量（ℓ）÷使用流量（ℓ/分）＝使用可能時間（分）

☐ 酸素チューブへの配慮：酸素チューブは適切につながっていますか？
　延長チューブの接続部，酸素チューブの折れ曲がりなどを確認しましょう．また不適切な長さのチューブは転倒の原因となります．生活圏内において適切な長さであるように調整しましょう．

☐ 酸素は支燃性のガスです：ガスコンロ，ストーブ，煙草など引火性のあるものから
　酸素ボンベや濃縮機，チューブを2m（液体酸素の場合は5m）以上離すようにしましょう．

☐ 携帯型の場合，バッテリーの充電容量に気を配りましょう．

▷ 索 引

和 文

あ
- 雨の日の訪問 076

い
- 医師から受けた説明 100
- 意識障害 048
- 移乗動作 036
- インフルエンザ 030

う
- 運動 058
- 運動療法 058

お
- 起き上がり動作 038
- 屋外歩行 048
- 屋内歩行 042
- お茶とお菓子 086

か
- 介護用ベッド 056
- 開示要求 102
- 咳嗽 030
- 階段昇降 044
- 家屋評価 078
- 喀痰 030
- 下肢装具 054
- 風邪気味のスタッフ 090
- 癌 068
- 環境整備 008
- 関節への負担 044
- 感染予防 030, 032

き
- キーパーソン 082
- ギャッジアップ 038
- 吸引 016
- 拒否 058
- 起立性低血圧 024, 038, 040, 042, 064
- 緊急事態 072
- 筋力増強運動 052

く
- 空調管理 008

け
- ケアマネージャー 104, 106
- 血圧が高い 026
- 血圧が低い 028
- 血圧上昇 026
- 血圧の変化 026

こ
- 高血圧症 012, 028
- 行動, 心理症状 064
- 小刻み歩行 042

さ
- 在宅酸素療法 014
- 再転倒 004
- 酸素流量 014

し
- 時間変更 082
- 住宅改修における連携 098
- 住宅改修の方針 098
- 循環器のリスク 020
- 障害受容 100
- 情報の分析 012
- 静脈還流量 024
- 食事と服薬 006
- 褥瘡 024
- 心筋梗塞 019, 020
- 寝具 056
- 人工呼吸器 018

す
- すくみ足 042

せ
- 生活環境 078
- 生活リズム 010

そ
- 足部の傷 048
- 足部の感覚障害 048

た
- ターミナル 068
- 第三者の立場 060
- 大腿骨頚部骨折 004
- 体調不良 012
- 立ち上がり動作 040
- 脱水症 008
- 他法人で行われるサービス 096
- 短下肢装具 054
- 端座位 038
- 担当者会議 060, 098
- 担当者の変更 084

索引

ち
痰の除去 …………………………………… 016

ち
遅刻 ………………………………………… 074
朝食摂取 …………………………………… 006

つ
通所サービスの利用 ……………………… 104

て
低血糖 ……………………………………… 006
低血糖症状 ………………………………… 048
低酸素血症 …………………………… 014, 016
転倒 …………………………… 004, 048, 064

と
トイレ動作 ………………………………… 042
疼痛 …………………………… 004, 044, 052
糖尿病 ………………………………… 006, 012
独居高齢者 ………………………………… 022
独居の利用者 ……………………………… 072

な
ナトリウム欠乏性の症状 ………………… 008

に
日程調整 …………………………………… 106
入浴動作 …………………………………… 046
入浴方法 …………………………………… 096
認知症 ……………………………………… 064

の
脳梗塞 ………………………………… 012, 035

ね
熱中症 ……………………………………… 008

は
パーキンソン病 …………………… 015, 041, 042
徘徊 ………………………………………… 064
賠償保障制度 ……………………………… 080
排泄トラブル ……………………………… 034
バイタルサイン …………………………… 020
廃用症候群 …………………………… 040, 052
破損 ………………………………………… 080
発熱 …………………………………… 021, 022

ふ
布団 ………………………………………… 056
不眠 ………………………………………… 010
プライベートな空間 ……………………… 078
振り替え訪問 ……………………………… 106

へ
ペースメーカー …………………………… 028
ベッド ……………………………………… 056
変形性膝関節症 …………………… 043, 044, 045
便失禁 ……………………………………… 034

ほ
訪問看護指示書 …………………………… 102
訪問リハ終了の理由 ……………………… 094
訪問リハの目的 …………………………… 060
ポータブルトイレ ………………………… 066
ホスピタリティ …………………………… 094

み
水欠乏 ……………………………………… 008

め
めまい ………………………………… 024, 064

も
申し送り …………………………………… 084

や
夜間頻尿 …………………………………… 010

ゆ
床からの立ち上がり ……………………… 050

よ
腰椎圧迫骨折 ……………………… 049, 050, 051
曜日や時間の変更 ………………………… 082
浴室内での転倒 …………………………… 046

り
離床 …………………………………… 024, 064
リハビリテーション中止基準 …… 012, 107
利用者と家族の希望 ……………………… 060

れ
連携 ………………………………………… 062

欧文

B
BPSD ……………………………………… 064

H
HOT ………………………………………… 014
HOT機器 …………………………………… 107
HOT機器の取り扱い ……………… 014, 107

M
MRSA ……………………………………… 032

N
NPPV ……………………………………… 018

109

【編者略歴】

石黒友康（いしぐろともやす）
1979年	高知リハビリテーション学院理学療法学科卒業
同 年	中伊豆リハビリテーションセンターリハビリテーション部
1983年	聖マリアンナ医科大学病院リハビリテーション部
1987年	聖マリアンナ医科大学東横病院リハビリテーション部
同 年	東洋大学社会学部2部社会学科卒業
2003年	昭和大学医学部リハビリテーション診療科特別研究生修了
同 年	聖マリアンナ医科大学病院リハビリテーション部
2006年	健康科学大学健康学部理学療法学科教授

大森 豊（おおもりゆたか）
1989年	信州大学医療技術短期大学理学療法学科卒業
同 年	聖マリアンナ医科大学病院リハビリテーション部
1996年	米国バーモント州立大学短期留学
2002年	筑波大学大学院修士課程教育研究科卒業
2003年	聖マリアンナ医科大学横浜市西部病院リハビリテーション部
2005年	有限会社 訪問看護リハビリテーションネットワーク 代表取締役（現在に至る）
2007年	北里大学医療衛生学部理学療法専攻非常勤講師（現在に至る）
2012年	健康科学大学健康学部理学療法学科非常勤講師（現在に至る）

齋藤崇志（さいとうたかし）
2004年	山形県立保健医療大学保健医療学部理学療法学科卒業
同 年	麻生リハビリ総合病院
2006年	有限会社 訪問看護リハビリテーションネットワーク
2015年	リハビリ訪問看護ステーション ハピネスケア（現在に至る）
2016年	桜美林大学大学院老年学研究科老年学専攻博士後期課程卒業

訪問リハ危険予知トレーニング　　　　　ISBN978-4-263-21409-1
KYT50の場面

2012年10月10日　第1版第1刷発行
2017年 1月10日　第1版第4刷発行

編 者　石　黒　友　康
　　　　大　森　　　豊
　　　　齋　藤　崇　志
発行者　大　畑　秀　穂
発行所　医歯薬出版株式会社

〒113-8612　東京都文京区本駒込1-7-10
TEL.(03)5395-7628(編集)・7616(販売)
FAX.(03)5395-7609(編集)・8563(販売)
http://www.ishiyaku.co.jp/
郵便振替番号　00190-5-13816

乱丁，落丁の際はお取り替えいたします　　　印刷・教文堂／製本・愛千製本所
© Ishiyaku Publishers, Inc., 2012. Printed in Japan

本書の複製権・翻訳権・翻案権・上映権・譲渡権・貸与権・公衆送信権（送信可能化権を含む）・口述権は，医歯薬出版(株)が保有します．
本書を無断で複製する行為（コピー，スキャン，デジタルデータ化など）は，「私的使用のための複製」などの著作権法上の限られた例外を除き禁じられています．また私的使用に該当する場合であっても，請負業者等の第三者に依頼し上記の行為を行うことは違法となります．

JCOPY <(社)出版者著作権管理機構 委託出版物>
本書をコピーやスキャン等により複製される場合は，そのつど事前に(社)出版者著作権管理機構（電話 03-3513-6969，FAX 03-3513-6979，e-mail：info@jcopy.or.jp）の許諾を得てください．

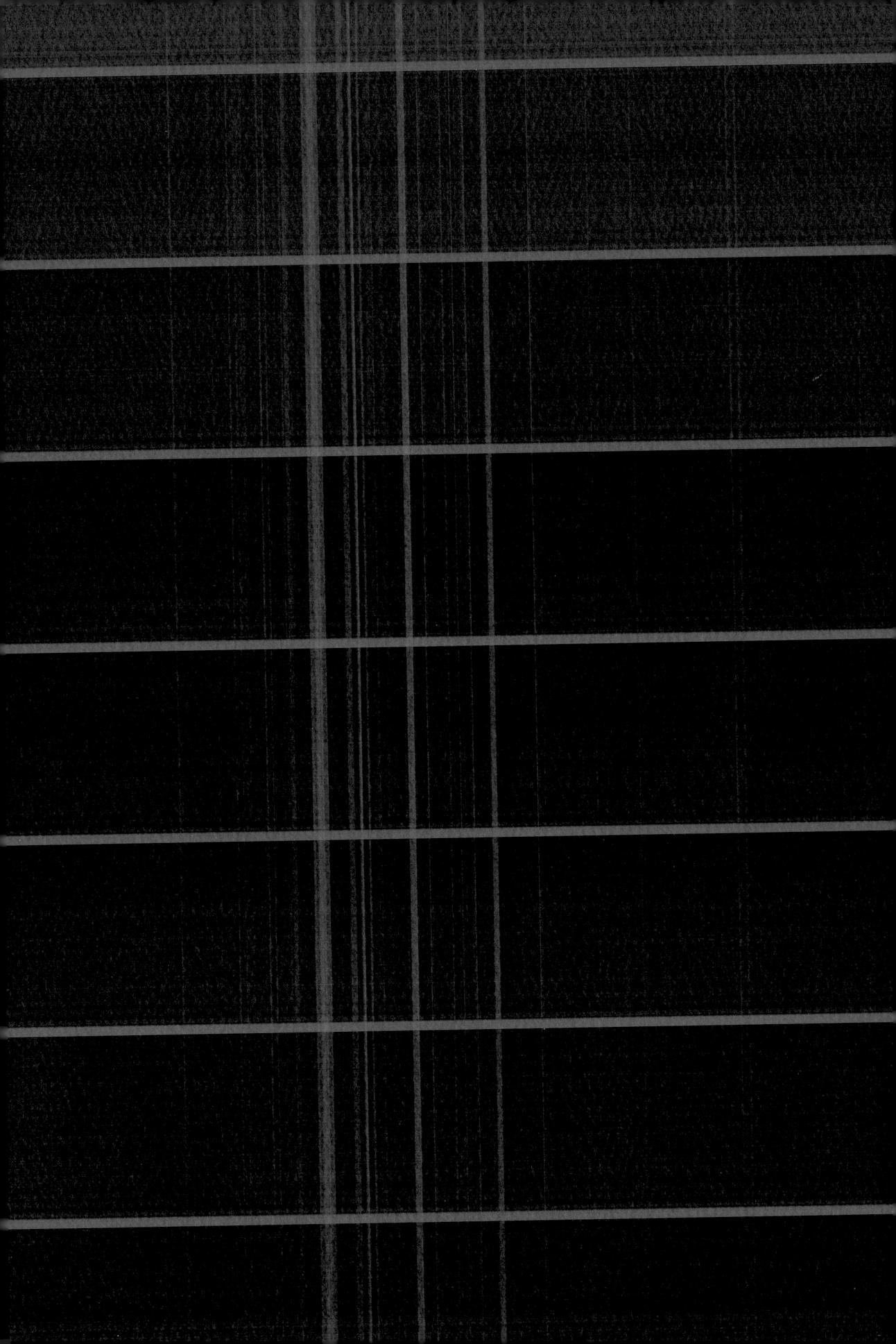